D1722510

Das alles ist das Glück

Das alles ist das Glück

Geschichten und Gedanken,
die gut tun

Herausgegeben von Dietrich Steinwede

Ein Lesebuch
für die besten Jahre

Verlag Ernst Kaufmann

Bibliografische Information Der Deutschen Bibliothek

Die Deutsche Bibliothek verzeichnet diese Publikation in der
Deutschen Nationalbibliografie; detaillierte bibliografische Daten
sind im Internet über http://dnb.ddb.de abrufbar.

1. Auflage 2005

© 2005 Verlag Ernst Kaufmann, Lahr
Dieses Buch ist in der vorliegenden Form in Text und Bild urheber-
rechtlich geschützt. Jede Verwertung ist ohne Zustimmung des Verlags
Ernst Kaufmann unzulässig und strafbar. Dies gilt insbesondere für
Nachdrucke, Vervielfältigungen, Übersetzungen, Mikroverfilmungen
und die Einspeicherung und Verarbeitung in elektronischen Systemen.
Printed in Germany
Umschlaggestaltung: JAC unter Verwendung einer Illustration
von Marc Chagall © VG Bild-Kunst, Bonn 2005, Die Geschichte
vom Ebenholzpferd III, aus „Arabische Nächte" 1945-6 (1948)
Hergestellt bei Freiburger Graphische Betriebe, Freiburg
ISBN 3-7806-5026-6

Inhalt

*=Gedicht

Noch immer sehe ich
die Knospen schwellen,
noch immer
taumeln junge Falter in den Wind,
und aus der Erde
brechen immer neue Quellen,
und immer wieder
schreit ein neugebornes Kind.

Die Sonne hört nicht auf
zu sinken und zu steigen,
der Frühling birst in Fülle,
so wie jedes Jahr.
Ich singe, juble, schrei' –
wie könnte ich auch schweigen?
Noch leb ich ja.
Und das ist wunderbar.

Gudrun Pausewang

Gras unterm Schnee

*D*as war jetzt alles vorbei – die Fußballspiele, die gemeinsamen Hausaufgaben und Fernsehen am frühen Abend. Auch Florian war traurig gewesen beim Abschied auf dem Bahnhof.

Michael duckte die Stirn gegen die Scheibe des Abteilfensters. Er fuhr aufs Land. Der Arzt hatte gemeint, er solle eine Weile dort draußen leben.

„Siehst du, wie hübsch die Bäume aussehen?", fragte Michaels Mutter, die ihm gegenübersaß. „Wie glühende Fackeln, gelb und rot."

Michael nickte. Es war Herbst. Die Wiesen schimmerten golden, und das Obst wurde reif.

Der Bauer holte Michael am Bahnhof ab. Mit dem Pferdewagen fuhren sie zum Einödhof. Es gab dort keine Kinder, nur Maria. Aber die war ein Mädchen, und außerdem war sie älter als Michael. Am nächsten Tag fuhr die Mutter zurück.

Michael streifte umher. Tuff, der Hofhund, begleitete ihn. Am Waldrand waren noch Brombeeren, schwarz und süß. Der Himmel sah klar und sehr kühl aus. Michael fröstelte.

Abends lernte er Snick, den Igel, kennen. Er kam immer um die gleiche Zeit, und Michael brachte ihm seine Milch.

Ein paar Tage später half er dem Bauern, die Kühe von der Alm zu holen. Die Bäuerin und Maria hatten das Obst geerntet. In großen Körben trugen sie es nach Hause. Auf einmal sahen die Bäume ganz leer und müde aus. So müde waren sie, dass sie ihre Blätter nicht mehr tragen konnten. Es raschelte ein wenig, wenn die Blätter herunterfielen.

Michael stand am Fenster. Er sah den Vögeln nach. Sie hatten sich gesammelt und flogen nun fort. Bald wird es Winter sein.

„Es wird immer weniger", dachte Michael. Und er dachte auch, dass Florian nicht ein einziges Mal geschrieben hatte.

Eine Rose blühte noch im Garten, die Astern waren welk geworden, und die Sonnenblumen hielten die braunen Köpfe tief gesenkt.

„Warum stirbt eigentlich alles?", fragte Michael.

Tuff antwortete nicht. Er schloss die Augen. Um die Zeit hatte er immer sein Rheuma.

Über Nacht kam der Frost. Da gaben auch die Dahlien auf. Ausgewischt waren die Farben des Gartens. Dann hob sich der Wind wie im Zorn und kämmte die Bäume kahl.

Plötzlich war Snick verschwunden. Michael fand ihn nicht mehr, so sehr er auch suchte. Er setzte sich auf den Leiterwagen, hauchte in seine klammen Hände und steckte sie tief in die Taschen.

„Hast du Heimweh?", fragte Maria.

Nein, das war es nicht.

Die Bäuerin legte Tannengrün über die Beete.

„Damit die Blumenzwiebeln es warm haben bis zum Frühjahr."

Im Frühjahr würden sie blühen. Aber das konnte Michael sich nicht vorstellen. Er sah die nackten Äste und Bäume und dass die Zweige der Sträucher wie ein Gewirr von Strichen waren. Und auf den

Wiesen hockten die Krähen und ließen alles noch leerer erscheinen. Es war sehr still.

„Die Erde geht zur Ruhe", sagte Maria.

Vor dem Einschlafen kam es Michael noch einmal in den Sinn: Die Erde geht zur Ruhe. War sie müde wie er, wenn der Abend kam? War der Sommer für die Erde ein langer Tag? Der Herbst die Dämmerung und der Winter die Nacht?

Nach jeder Nacht kam ein Morgen, darauf konnte man sich verlassen. Michael wickelte sich fester in die Decken. Er schloss die Augen. Gedanken, Wünsche und Träume zogen sich in ihn zurück, und er schlief ein. Draußen jagte der Sturm übers Land. Aber die Erde hatte das Leben in sich geborgen. Sie hütete es, bis es Zeit sein würde.

Der Bauer hatte die Wiesen gedüngt. Nun fiel der Schnee. Wie ein riesiges Federbett deckte er alles zu. Tuff schlief den größten Teil des Tages unter dem Ofen, und die Kühe im Stall standen ruhig und zufrieden.

Beim Schlittenfahren musste Michael manchmal denken, dass er eigentlich über Gras fuhr. Aber war da wirklich noch Gras unter dem Schnee? Wer konnte schon wissen, was unter der Decke geschah, die die Erde verhüllte.

Die Zeit verstrich, und mit einem Mal ging ein lauer Wind. Tuff streckte die Vorderbeine, die Hinterbeine und stand in der Tür.

Der Bauer schaute zum Himmel auf und nickte. Dann verschwand er im Schuppen, und man hörte ihn klopfen und sägen. Jetzt summte die Bäuerin manchmal ein Lied. Und an einem Tag kam Maria und brachte Schneeglöckchen. Wie gescheckt lagen die Wiesen. Der Schnee schmolz und gab große Grasflecke frei.

„Wird es Frühling?", fragte Michael Tuff, der nicht aufhören konnte, die Erde zu beschnuppern.

Blumentupfen am Waldrand waren die Antwort. Millionen wilder Primeln blühten, gestern waren sie noch nicht da. Knospe um Knospe brach auf. Grün webten sich Schleier zarten Laubes zwischen die Äste der Bäume. Die Erde war erwacht.

Nichts war gestorben, nun hob sich ein jedes aus tiefem Schlaf. Bienen summten, Vögel sangen, Falter taumelten zwischen den Blumen, und süß verströmten Blüten ihren Duft.

In jeder Minute schenkte die Erde Neues aus ihrer unendlichen Fülle.

„Snick ist wieder da", schrieb Michael an Florian. „An einem Abend saß er im Hof."

Dann lief er hinaus. Ein wenig atemlos war er und sehr glücklich.

Gina Ruck-Pauquèt

Eines Morgens
erwachte ich

*E*ines Morgens erwachte ich, ein lebhafter Knabe von vielleicht zehn Jahren, mit einem ganz ungewöhnlich guten Gefühl von Freude und Wohlsein, das mich wie eine innere Sonne durchstrahlte, so als sei jetzt eben, in diesem Augenblick des Erwachens aus einem guten Knabenschlaf, etwas Neues und Wunderbares geschehen, als sei meine ganze kleingroße Knabenwelt in einen neuen und höhern Zustand, in ein neues Licht und Klima eingetreten, als habe das ganze schöne Leben erst jetzt, an diesem frühen Morgen, seinen vollen Wert und Sinn bekommen.

Ich wusste nichts von gestern noch von morgen, ich war von einem glückhaften Heute umfangen und sanft umspült. Es tat wohl und wurde von Sinnen und Seele ohne Neugierde und ohne Rechenschaft gekostet, es durchrann mich und schmeckte herrlich.

Es bestand aus nichts, dieses Glück, als aus dem Zusammenklang der paar Dinge um mich her mit meinem eigenen Sein, aus einem wunschlosen Wohlsein, das nach keiner Änderung, keiner Steigerung verlangte.

Hermann Hesse

Inga und ich
machen Menschen glücklich

*A*ls wir im Herbst wieder mit der Schule angefangen hatten, sagte die Lehrerin eines Tages, wir sollten uns immer bemühen, andere Menschen glücklich zu machen. Niemals aber sollte man etwas tun, wovon Menschen unglücklich werden könnten.

Am Nachmittag saßen Inga und ich auf unserer Küchentreppe und sprachen darüber. Und da beschlossen wir, sofort damit anzufangen, Menschen glücklich zu machen. Das Schlimme war nur, wir wussten nicht genau, wie wir es anstellen sollten. Wir wollten es daher erst einmal mit Agda, unserem Hausmädchen, versuchen. Wir gingen zu ihr in die Küche. Sie scheuerte gerade den Fußboden.

„Trampelt mir nicht auf dem Fußboden herum, wenn er noch nass ist", rief sie.

„Agda", sagte ich, „kannst du uns etwas nennen, was wir tun könnten, was dich glücklich macht?"

„Ja, das kann ich! Wenn ihr sofort aus der Küche verschwindet und mich in Ruhe scheuern lasst, dann macht mich das unglaublich glücklich!"

Wir gingen. Aber wir fanden es nicht besonders erfreulich, auf diese Art Menschen glücklich zu machen. Und so hatte es Fräulein Lindgren wohl auch nicht gemeint. Mutti war im Garten und pflückte Äpfel. Ich ging zu ihr und sagte: „Mutti, sag irgendetwas, was ich tun kann, damit du glücklich wirst!"

„Ich bin doch glücklich", sagte Mutti.

Das war doch ärgerlich! Aber ich wollte nicht nachgeben, sondern sagte: „Aber ich könnte doch vielleicht etwas tun, damit du noch glücklicher wirst?"

„Du brauchst nichts weiter zu tun, als auch weiterhin mein liebes, gutes, artiges Mädchen zu bleiben", sagte Mutti. „Dann bin ich ausreichend glücklich."

Dann ging ich zu Inga zurück.

Ich sagte ihr, die Lehrerin hätte keine Ahnung, wie schwer es sei, jemanden zu finden, den man glücklich machen dürfe.

„Wir versuchen es mit Großvater", sagte Inga.

Und wir gingen zu Großvater.

„Ah, das sind doch sicher meine kleinen Freunde, die da kommen!" sagte Großvater. „Nun bin ich aber glücklich!"

Das war doch auch ärgerlich! Wir waren kaum zur Tür herein, da war Großvater schon glücklich! Da gab es für uns ja nichts mehr zu tun.

„Großvater", sagte Inga, „erzähle uns nur nicht, dass du schon glücklich bist. Wir wollen etwas tun, damit du glücklich wirst. Du musst uns helfen und dir etwas ausdenken. Die Lehrerin hat gesagt, wir sollen andere Menschen glücklich machen."

„Ihr könntet mir vielleicht aus der Zeitung vorlesen", schlug Großvater vor.

Ja, natürlich konnten wir das. Aber das taten wir doch so oft, das war doch nichts Besonderes. Plötzlich rief Inga:

„Du armer, armer Großvater, dauernd hockst du hier oben in deinem Zimmer. Es wird dich sicher sehr glücklich machen, wenn wir einmal mit dir spazieren gehen."

Großvater sah aus, als sei er nicht sonderlich begeistert von diesem Vorschlag, aber er versprach uns, mitzukommen. Wir gingen also. Inga und ich gingen jede auf einer Seite von Großvater und führten ihn, denn er kann ja selbst nicht sehen, wo er geht. Durch ganz Bullerbü zogen wir mit ihm und erzählten und berichteten ihm die ganze Zeit, was wir sahen.

Es hatte angefangen, ein wenig zu wehen und zu regnen, aber das kümmerte uns nicht. Wir hatten uns in den Kopf gesetzt, Großvater glücklich zu machen.

Plötzlich sagte Großvater: „Glaubt ihr nicht, es reicht jetzt? Ich würde gern nach Hause gehen und mich hinlegen."

Da führten wir Großvater wieder auf sein Zimmer zurück, und er zog sich sofort aus und legte sich ins Bett – dabei war es noch nicht einmal Abend. Inga stopfte die Decken fest um ihn. Großvater sah etwas müde aus.

Bevor wir gingen, fragte Inga: „Großvater, wann bist du heute am glücklichsten gewesen?"

Wir glaubten beide, er würde sagen, er sei auf dem Spaziergang am glücklichsten gewesen.

Aber Großvater sagte: „Am glücklichsten, Kinder, war ich heute, als ich ... ja, als ich in mein molliges, weiches Bett kriechen konnte. Denn ich bin sehr müde."

Dann mussten Inga und ich Schularbeiten machen. An diesem Tag hatten wir also keine Zeit mehr, weitere Menschen glücklich zu machen. Wir waren auch nicht sicher, ob unsere Art, Menschen glücklich zu machen, richtig war. Deshalb wollten wir am nächsten Tag die Lehrerin fragen, wie man es nun eigentlich machen müsste. Fräulein Lindgren sagte, es sei oft so wenig dazu nötig. Man könnte einem alten Menschen, der einsam und krank sei, ein Lied vorsingen oder einem, der niemals Blumen bekäme, einen schönen Strauß bringen und mit jemandem, der sich einsam und verlassen fühlte, freundlich sprechen. Inga und ich beschlossen, es noch einmal zu versuchen. Und am Nachmittag hörte ich Mutti zu Agda sagen, Kristin im Waldhaus sei krank. Ich rannte sofort zu Inga.

„Inga, haben wir ein Glück! Kristin im Waldhaus ist krank! Komm, wir gehen hin und singen!"

Kristin wurde schon recht froh, als sie uns sah. Aber vielleicht wunderte sie sich, warum wir ihr nicht in einem Korb etwas mitgebracht hatten. Das taten wir sonst immer. Wir dachten aber, sie werde schon noch glücklich werden, wenn wir erst singen würden.

„Sollen wir dir etwas vorsingen, Kristin?", fragte ich.

„Singen?", fragte Kristin und machte ein erstauntes Gesicht. „Warum denn?"

„Damit du glücklich wirst, Kristin", sagte Inga.

„Ach so … ja, meinetwegen … singt nur zu", meinte Kristin.

Und wir legte los mit „Wir sind zwei Musikanten", dass es im Haus dröhnte. Dann sangen wir »Bitterkalt der Nordwind braust« – alle sieben Strophen. Ich fand, Kristin sah noch nicht glücklicher aus, als sie vorher ausgesehen hatte. Deshalb ließen wir noch »Stürmisch die Nacht, und die See geht hoch« und »Schlaf, du kleine junge Weide« und einige andere Lieder folgen. Kristin sah nicht ein bisschen glücklicher aus. Inga und ich fingen an, heiser zu werden, aber wir wollten nicht aufhören, bevor wir Kristin so richtig glücklich gemacht hatten, und sollte es auch mühevoll für uns sein. Wir wollten eben mit »Zehn kleine Neger« einen neuen Versuch machen, da kletterte Kristin aus dem Bett und sagte: „Singt nur weiter. Singt nur, so viel ihr wollt! Ich gehe inzwischen ein wenig in den Garten."

Inga und ich fanden es kaum lohnend, noch ein Lied anzufangen, wir sagten Kristin auf Wiedersehen.

„Vielleicht geht es besser, wenn wir jemandem Blumen schenken, der sonst nie Blumen bekommt", sagte Inga. Wir überlegten gerade, wem wir Blumen schenken könnten, als wir Oskar, unseren Knecht, sahen. Er ging auf den Kuhstall zu.

Wir sprangen hinter ihm her, und ich sagte: „Oskar, hast du schon jemals Blumen bekommen?"

„Nein, warum auch? Ich bin doch nicht tot!", sagte Oskar.

Der Ärmste! Sicher glaubte er, Blumen könne man nur zu seiner Beerdigung bekommen.

Inga sah mich begeistert an, weil wir schon einen Menschen gefunden hatten, der sonst nie Blumen bekam. Wir liefen sofort los und pflückten einen ordentlichen Strauß Heidekraut. Es wurde ein wirklich schöner Strauß, mit dem wir wieder zum Kuhstall gingen. Oskar lief dort mit der Schubkarre umher und fuhr Mist zur Dunggrube, die hinter dem Kuhstall liegt.

„Hier, Oskar, hast du Blumen", sagten wir und überreichten ihm den Strauß. Oskar dachte zuerst, wir wollten ihn zum Narren halten. Er wollte den

Strauß nicht nehmen. Aber wir sagten ihm, er müsse ihn annehmen, und da tat er es.

Eine Weile später, als Inga und ich hinter einem Kaninchen her waren, das uns weggelaufen war, kamen wir zufällig an der Dunggrube vorbei. Und auf dem Mist – obenauf – lag Oskars Blumenstrauß.

„Ich fange an zu glauben, dass Fräulein Lindgren irgendwie nicht das Richtige trifft", meinte Inga.

Wir beschlossen, vorläufig keinen Menschen mehr glücklich zu machen.

Etwas später aber, gegen Abend, als Inga und ich in unsere Küche kamen, saß da auf einem Stuhl ein Mann. Er wollte von uns ein Schwein kaufen. Lasse und Bosse waren losgelaufen, um Vati zu holen, der gerade pflügte. Svensson saß unterdessen in unserer Küche und wartete.

Inga zog mich in eine Ecke und flüsterte mir zu: „Findest du nicht, er sieht einsam und verlassen aus? Wollen wir es nicht doch noch einmal versuchen? Du weißt schon was ich meine, ein wenig mit ihm reden und ihn aufmuntern, wie Fräulein Lindgren sagte."

Wir beschlossen, es zu versuchen. Sonst können Inga und ich reden wie aufgezogen, aber jetzt, wo wir mit Svensson sprechen und ihn glücklich machen wollten, war es uns unmöglich, nur das kleinste Wort zu finden. Ich überlegte und überlegte, und endlich sagte ich: „Schönes Wetter heute, nicht?"

Svensson antwortete nicht. Ich versuchte es noch einmal: „Schönes Wetter heute, nicht?"

„Jaja", sagte Svensson.

Ich sah zu Inga, weil ich fand, sie könne mir etwas behilflich sein. Und da sagte Inga: „Man könnte glauben, dass das Wetter morgen auch schön wird, nicht?"

Dann wurde es wieder still. Doch nach einer Weile sage ich: „Gestern war das Wetter auch schön, nicht?"

„Jaja", sagte Svensson.

Jetzt kam Vati über den Hof. Svensson stand auf und ging. Aber als er schon aus der Tür war, drehte er sich noch einmal um, steckte den Kopf in die Küche, grinste und sagte: „Wie war eigentlich das Wetter vorgestern?"

Minuten später sagte Inga endlich: „Vielleicht haben wir ihn auf jeden Fall ein bisschen glücklich gemacht!"

Möglich", sagte ich. „Aber jetzt ist es endgültig Schluss damit. Ich will keinen Menschen mehr glücklich machen."

Aber ich tat es doch. Und Inga auch. Denn am nächsten Tag erzählte die Lehrerin, ein Mädchen aus unserer Klasse, die Märta heißt, könne auf lange Zeit nicht mehr in die Schule kommen. Sie sei sehr krank und müsse viele, viele Monate im Bett liegen bleiben.

Abends, bevor ich einschlief, musste ich immer an Märta denken, und da beschloss ich, ihr Bella, meine beste Puppe, zu schenken, denn ich wusste, Märta hatte überhaupt keine Spielsachen.

Am nächsten Morgen erzählte ich Inga, dass ich Märta meine Puppe schenken wollte. Da ging Inga und holte ihr schönstes Märchenbuch. Nach Schulschluss gingen wir zu Märta. Sie lag in ihrem Bett und sah blass aus.

Niemals habe ich einen Menschen so glücklich

werden sehen, wie Märta es wurde, als wir Bella und das Märchenbuch auf ihre Bettdecke legten und sagten, Bella und das Märchenbuch seien für sie. Oh, oh, oh, wie wurde sie glücklich! Sie drückte Bella und das Märchenbuch an sich und strahlte. Und dann rief sie ihre Mutter, sie solle kommen und sich das ansehen.

Als wir wieder draußen vor der Tür standen, sagte ich zu Inga: „Ja, aber – jetzt haben wir einen Menschen glücklich gemacht, ohne dass wir es wollten!"

Inga bekam große, erstaunte Augen und sagte: „Wahrhaftig!"

Dann sagte sie: „Du, es war nur gut, dass wir nicht angefangen haben, Märta etwas vorzusingen. Ich glaube, Menschen werden glücklicher, wenn sie Puppen und Märchenbücher bekommen."

„Ja! Wenigstens Kinder!", sagte ich.

Astrid Lindgren

Mitmenschen zufrieden stellen

*W*as kann uns glücklicher machen als das Glück, das wir andern schenken? Können wir auf dieser engen, armen, mannigfaltig gefesselten Welt seliger sein, als wenn wir durch Fähigkeiten, die wir besitzen, andere selig machen? Was stimmt uns zufriedener, als unsere Mitmenschen zufrieden zu stellen?

Robert Walser

MAN MUSS GLÜCKLICH MACHEN,
UM GLÜCK ZU EMPFINDEN.

Maurice Maeterlinck

Damit wir mehr
zusammen sein können

Meine Schuhe sind kaputt", sagte Marek.

„Ich weiß", sagte die Mutter.

Die Mutter war eben erst heimgekommen.

„Was gibt's zu essen?", fragte Marek.

„Milchsuppe", sagte die Mutter. „Du magst doch Milchsuppe?", sagte sie.

Marek nickte.

„Kann ich dann noch zu Schindlers gehen?", fragte er. „Fernsehen?"

„Ja", sagte die Mutter.

Sie pustete sich die Haare aus dem Gesicht und knipste den Elektroherd an. Marek nahm die Illustrierte vom Sofa und blätterte darin.

„Warum haben wir weniger Geld als die anderen?", fragte er.

„Weil ich nicht viel verdiene", sagte die Mutter. „Das weißt du doch."

„Väter verdienen mehr als Mütter", sagte Marek. „Nicht wahr?", sagte er.

„Ja", sagte die Mutter. „Meistens", sagte sie.

Sie gab die Haferflocken in die Milch und rührte.

„Wenn ich einen Vater hätte", sagte Marek.

„Du hast einen Vater", sagte die Mutter.

„Ja", sagte Marek. „Aber wenn wir zusammenlebten, hätten wir ein Auto. Vielleicht", sagte er. „In meiner Klasse haben fast alle Anoraks", sagte er.

„Mal sehen", sagte die Mutter.

Sie stellte die Suppe auf den Tisch. Die Suppe war süß und warm und gut.

„Wollen wir das Würfelspiel machen?", fragte Marek.

Beim Würfeln gab's immer was zu lachen. Marek gewann.

„Später werden wir ein Auto haben", sagte die Mutter.

„Ja", sagte Marek. „Wenn ich groß bin. Hörst du, es regnet", sagte er.

„Schön", sagte die Mutter.

„Ja", sagte Marek. „Darf ich noch ein bisschen zu dir ins Bett?", fragte er dann.

Als sie nebeneinander lagen, war der Regen noch besser zu hören.

„Frauen müssten genauso viel verdienen wie Männer", sagte Marek.

„Ja", sagte die Mutter. „Dann würde ich weniger arbeiten", sagte sie.

„Damit wir mehr zusammen sein könnten", sagte Marek. „Man müsste es ändern", sagte er. „Kann man es ändern?"

„Ja", sagte die Mutter.

„Später", sagte Marek. Es würde viel zu tun sein später. Beim Einschlafen dachte er noch, dass sie den Regen nicht hören könnten, wenn sie einen Fernseher hätten. Und dass er sehr glücklich war.

Gina Ruck-Pauquèt

Kinderglück

Zusammen ausziehn
und die Welt ansehn,
mit kaputten Knien
nach Hause gehn,
glücklich und ganz voll,
denn alles war so toll.

Regina Schwarz

Glücksmomente der Kindheit

*H*ab ich dir schon mal gesagt, Gott, wie glücklich ich war, als die hölzerne Eisenbahn, die Großvater mir schenkte (er war ein schweigsamer Mann), durch unser Wohnzimmer rollte, fast von selbst, sie fuhr von Rotkäppchens Haus zu Frau Holle oder nach Stedten, wo des Großvaters Schmiede, in Weinlaub versteckt, nach Kohlen, nach glühender Asche roch und nach Schmieröl? Hab ich das Himbeerwasser der Tante Walle erwähnt, das ich trank im Garten des Ichtershausener Gasthofs? Vergaß ich das stolze Gefühl, als ich, von Lehrer Lembcke geleitet, den ersten Satz: Das Gras ist grün, mit Tinte ins Klassenheft schrieb? Solltest du da mir nicht über die Schulter geschaut haben, Gott? Auch, wenn ich früh gegen sieben nach Schnepfenthal ging, an den Klosterteichen vorbei, und den Grünspecht lachen hörte im dämmrigen Waldgrund? Und das Mädchen, kurzrockig, in wollenen Strümpfen, das ich verehrte, doch niemals ansprach? Die Apfelernte, das Kühehüten mittags in Vockerodts Garten? Die Geigenstunde? Des Vaters Spiel auf der Orgel, sein Urlaub, als er verwundet, doch lebend kam aus der Panzerschlacht am Berg Kemmel, als er die Brahmslieder sang, die Löweballaden, du erinnerst dich, Gott, es war das letzte Mal, dass er sang, doch ich war glücklich, auch wenn das Auge der Mutter sich dunkler färbte.

Entzückte das Rauschen der Fichten mich nicht, der Ausblick vom Hermannstein, der Wirbel von Schnee, die frische Skispur am Rennsteig, Bechsteins Märchen und ach, das erste Gedicht?

So, Gott, in deiner Obhut mich wähnend, gingen die Kindertage mir hin, und ich spürte den Hauch deines Atems am Ohr, auch wenn ich die Schmutzstiefel putzte im Waschhaus oder die dünne Milch der Hungerjahre erbettelte zaghaft im Dorfe Ernstroda – immer den Schritt deiner Füße hörte ich neben mir dicht, und öfter noch, wenn ich stolperte, hobst du mich auf und sagtest: Geh doch, was kann dir passieren?

Übermütig war ich und furchtlos, auch wenn die kindische Angst mich umtrieb, war dennoch unwandelbar froh, in deiner Nähe zu sitzen, von dir, wie der Pfarrer sagte, beim Namen gerufen, und glücklich, sekundenweis glücklich – hab ich dir, Gott, das schon mal gesagt?

Rudolf Otto Wiemer

DAS GLÜCK BESTEHT IN EINER VIELZAHL
GLÜCKLICHER AUGENBLICKE IM LEBEN.

Charles de Montesquieu

Lauras Tagebuch

*L*auras Patentante Eva kommt zu Besuch und bringt Laura ein Tagebuch mit. Es hat einen roten Ledereinband und an der Seite ein Schloss mit einem kleinen Schlüssel.

„Da kannst du deine Gedanken und Geheimnisse hineinschreiben", sagt Tante Eva. „Damit du sie nie vergisst!"

Nach dem Mittagessen setzt sich Laura in ihr Zimmer, schließt das Tagebuch auf und denkt nach, was sie hineinschreiben soll. Draußen scheint die Sonne. Die Fliederbüsche im Garten blühen und im Kirschbaum singt die Amsel. Gleich wird Tante Eva mit ihr einen Stadtbummel machen und sie zu einem riesigen Eis einladen. Und heute Abend werden sie alle zusammen – Vater, Mutter, Tante Eva, Max und Laura – in den Zirkus gehen.

Der Wind weht eine Wolke Fliederduft durchs offene Fenster. Laura atmet tief ein, schraubt den Füllfederhalter auf und schreibt in ihrer schönsten Schrift:

16. Mai. Mir geht es gut.

Renate Schupp

Nur ein Augenblick

O Menschenherz, was ist dein Glück?
Ein rätselhaft geborner,
und, kaum gegrüßt, verlorner,
unwiederholter Augenblick.

Nikolaus Lenau

O Fortuna, rasch wie Luna,
wechselhaft und wunderbar.

Carmina Burana

Das Glück ist eine leichte Dirne,
und weilt nicht gern am selben Ort;
sie streicht das Haar dir von der Stirne
und küsst dich rasch und flattert fort.

Heinrich Heine

Zum Augenblicke dürft' ich sagen:
Verweile doch, du bist so schön!
Es kann die Spur von meinen Erdentagen
nicht in Äonen untergehn.
Im Vorgefühl von solchem hohen Glück
genieß ich jetzt den höchsten Augenblick.

Johann Wolfgang von Goethe

Das Wenigste gerade,
das Leiseste, das Leichteste,
einer Eidechse Rascheln,
ein Hauch, ein Husch, ein Augenblick
– wenig macht die Art des besten Glücks.

Friedrich Nietzsche

Glück ist der Augenblick,
den wir nicht gegen das Nichtsein
eintauschen wollen.

Charles de Montesquieu

Über meine Augenblicke des Glücks
habe ich immer gestaunt,
über das Unglück niemals.

Marie Noël

Mailied

Wie herrlich leuchtet
mir die Natur!
Wie glänzt die Sonne!
Wie lacht die Flur!

Es dringen Blüten
aus jedem Zweig
und tausend Stimmen
aus dem Gesträuch

und Freud' und Wonne
aus jeder Brust.
O Erd', o Sonne!
O Glück, o Lust!

O Lieb, o Liebe,
so golden schön
wie Morgenwolken
auf jenen Höhn!

Du segnest herrlich
das frische Feld,
im Blütenreigen
die volle Welt.

O Mädchen, Mädchen,
wie lieb ich dich!
Wie blinkt dein Auge!
Wie liebst du mich!

So liebt die Lerche
Gesang und Luft
und Morgenblume
den Himmelsduft,

wie ich dich liebe
mit warmem Blut,
die du mir Jugend
und Freud und Mut

zu neuen Liedern
und Tänzen gibst.
Sei ewig glücklich,
wie du mich liebst!

Johann Wolfgang von Goethe

Zum ersten Male

*E*s muss im Jahre 1912 gewesen sein, am 23. Dezember. Wir fuhren von Göttingen bis Eichenberg mit der Bahn, ein Dutzend Jungen, die dem Alt-Wandervogel angehörten, und wateten dann durch den hohen Schnee querfeldein auf die Burgruine Hanstein zu. Noch war sie nicht in Sicht. Wir zogen über Berg und Tal, durch Wälder, durch Schluchten und an Hängen hin. Manchmal gab es kleine Raufereien, der eine und andere wurde im Schnee herumgewälzt und ›gewaschen‹. Wenn das Gelände es erlaubte, fassten wir Tritt und sangen. Schweigend lagen die Dörfer im Grunde. Höchstens, dass einmal ein Hundegebell an unser Ohr drang. Wir zogen dahin, sangen und waren guten Mutes.

Damals hatte das Wanderwesen gerade begonnen, die Jugend zu verlocken. Jede Fahrt bedeutete noch ein Abenteuer. Jugendherbergen gab es noch nicht. Und wenn es sie gegeben hätte, wären wir an ihnen vorbeigegangen. Noch lag der Glanz des Neuen, ja des Unerhörten über allen Unternehmungen. Man entdeckte die Landschaft, die Freiheit, die Lieder, die Spiele, die Tänze, die Freunde, sich selbst, die Welt, alles. Ich war damals vierzehn Jahre alt und erst wenige Wochen bei der Gruppe. Wir dachten nicht viel über das Leben nach, aber wir lebten. Gerade weil wir nicht über das Leben nachdachten, lebten wir. Wir waren ein Teil des Lebens. Ich fürchte, die klugen jungen Menschen von heute würden nicht viel von uns gehalten haben. Wir von ihnen übrigens auch nicht.

Um die Abenddämmerung trafen wir auf der Ruine ein. Und alsbald begann im Saal, den eine Balkendecke, verglaste Fenster und ein offener Kamin bewohnbar machten, eine bewegende und erregende Weihnachtsfeier. Für mich war sie deshalb so bewegend, weil fast alles, was geschah, unter dem verklärenden Zeichen des ›Zum ersten Male‹ stand. Zum ersten Male sah ich einen Weihnachtsbaum, der keinen anderen Schmuck als einige wenige Kerzen trug und mit seinem weit ausladenden, stark duftenden Gezweig so waldhaft, so unberührt wirkte. Zum ersten Male vernahm ich die Weihnachtsgeschichte in der großen, männlichen Sprache des Heliand-Dichters. Zum ersten Male ließ die unbegreiflich süße, von Geigen und Blockflöten umjubelte Melodie des ›Susani Susani‹ mein Innerstes erbeben. Zum ersten Male erfuhr ich, was das ist, eine Gemeinschaft. Zum ersten Male war ich nicht mehr allein.

Und dann kam noch ein anderes, ein unvergessliches ›Zum ersten Male‹.

Ehe wir uns im aufgeschütteten Stroh schlafen legten, tastete ich mich die dunkle Stiege im Turm empor. Als ich oben ins Freie trat, flimmerte ein winterlich klarer Sternenhimmel über mir. Ich erkannte den Orion, den Fuhrmann, den Großen Bären, ich erkannte Perseus, den ich vor allen anderen liebte, Andromeda, Kepheus und Kassiopeia. Zu meinen Füßen lagen die verschneiten Bergrücken und Wälder. Dahinten im Tal strömte die Werra. Jenseits erhob sich der Ludwigstein, damals noch eine unbekannte Burg. Nahebei dunkelten die Häuser des Dorfes. Unmittelbar unter mir dämmerte hinter den Fenstern des Saales ein rötlicher Kerzenschein. Dort summten und sangen die Kameraden. Und da überkam mich plötzlich ein Glücksgefühl von geradezu mystischer Tiefe. Wie traumverloren war das mattsilberne Bergland mit seinen Schatten, wie geheimnisvoll die Grenzenlosigkeit der Nacht mit den strahlenden Sternbildern! Wie abgründig das Schweigen ringsumher! Wie liebte ich dies alles! Wie liebte ich die Welt!

Aber seltsamerweise brachte das Glück, das Übermaß von Glück, keinen Frieden in meine Seele, sondern Unruhe und Traurigkeit. Es war das Glück, ohne Frage. Ich glaubte sogar zu wissen, dass ich nie wieder so glücklich sein könne wie in dieser Stunde. Und doch war es nicht genug. Es fehlte etwas. Ich zitterte vor Glück und zitterte gleichzeitig vor Ungenügen und Sehnsucht. Eine Ahnung überkam mich, dass nichts, was ein Mensch auf Erden erlebt, imstande sei, die Ruhelosigkeit in ihm zu stillen. Auch in ihrer schönsten Schönheit war die Welt nicht vollkommen, nicht heil, nicht tröstlich im Letzten. Es gab etwas in mir, in meinem bebenden Knabenherzen, das sich über den flimmernden Glanz der Welt, über jedes Maß an irdischer Seligkeit hinaus nach einer Seligkeit und Schönheit und Wahrheit verzehrte, die ohne den Hauch von Schwermut, ohne die Gebrochenheit, ohne das Ungenügen sein sollte.

In jener Nacht auf dem Turm der Burg Hanstein erfuhr ich zum ersten Male, unbestimmt nur und jungenhaft, wie es ist, wenn ein Mensch vom Verlangen nach Gott überwältigt wird.

Manfred Hausmann

Nenne es Glück

Wölbt sich der Himmel nicht da droben?
Und liegt die Erde nicht hier unten fest?
Und steigen freundlich blickend,
ewige Sterne nicht herauf?

Steh ich nicht Aug in Aug mit dir?
Und drängt nicht alles hin zu deinem Herzen,
in ewigem Geheimnis webend
unsichtbar sichtbar neben dir?

Erfüll dein Herz davon, so groß es ist.
Und wenn du ganz in dem Gefühle selig bist,
nenn es dann, wie du willst,
nenn's Glück, nenn's Liebe, Gott!

Ich habe dafür keinen Namen.
Gefühl ist alles,
Name aber Schall und Rauch.

Johann Wolfgang von Goethe

Glück der ersten Liebe

Auf dem Aussichtsmäuerchen sitzt ein Mädchen, neben ihr ein junger Blondschopf, beide in Jeans. Die Schulmappen haben sie beiseite gelegt, um sich umfassen, streicheln zu können, um zu murmeln, zu lachen, mit den Lippen die Landschaft ihrer Gesichter zu entdecken. Die Schulaufgaben in ihren Mappen müssen fürs Erste noch warten. Aufgaben gibt's, die wichtiger sind: einen anderen Menschen kennen zu lernen zum Beispiel, ihn zu entdecken, von ihm entdeckt zu werden, Gefühle in Worte zu fassen, mit Worten, Andeutungen zu spielen wie mit Fingern, mit Haaren, einander zuzulächeln, Wünsche zu erraten, Pläne zu schmieden, Wahn zu dämpfen, die Freuden der Gegenwart zu genießen. Wer weiß, ob die beiden noch einmal so intensiv werden erleben und fühlen können wie jetzt, wie hier in der Unbedingtheit ihres Glücks aneinander.

Kurt Marti

Dich zu lieben
macht mich glücklich

ER
Du bist schön wie keine andre.
Dich zu lieben macht mich glücklich.
Schlank wie eine Dattelpalme
ist dein Wuchs, und deine Brüste
gleichen ihren vollen Rispen.

Auf die Palme will ich steigen,
ihre süßen Früchte pflücken,
will mich freun an deinen Brüsten,
welche reifen Trauben gleichen.

Deinen Atem will ich trinken,
der wie frische Äpfel duftet,
mich an deinem Mund berauschen,
denn er schmeckt wie edler Wein …

SIE
… der durch deine Kehle gleitet,
dich im Schlaf noch murmeln lässt.

Hoheslied 7,7–10

Ich ging, du standst und sahst zur Erden
und sahst mir nach mit nassem Blick.
Und doch, welch Glück, geliebt zu werden!
Und lieben, Götter, welch ein Glück!

Johann Wolfgang von Goethe

FREUNDSCHAFT UND LIEBE
ERZEUGEN DAS GLÜCK
DES MENSCHLICHEN LEBENS
WIE ZWEI LIPPEN DEN KUSS,
WELCHER DIE MENSCHLICHE SEELE ENTZÜCKT.

Friedrich Hebbel

Kannst du so glücklich sein?

*E*in Pfarrer erzählt:

Er kam jeden Sonntag mit seiner Mutter in den Gottesdienst. Ich wusste nicht viel von ihm. Geduldig wartete er jedes Mal, bis er mir »Auf Wiedersehen« sagen konnte. Dabei verneigte er sich höflich und streckte mir seine Hand entgegen, eine kräftige Hand mit rissiger Haut, die Finger waren etwas kurz geraten – wie so vieles an ihm. Hannes, etwa 25 Jahre alt, litt am Down Syndrom. Ich habe ihn immer gern gehabt. Es rührte mich, wie er das Gesangbuch zur Hand nahm, darin blätterte und kräftig mitsang, obwohl er mit Buchstaben und Noten nichts anfangen konnte. Wenn ich predigte, hing er an meinen Lippen, obwohl er kaum etwas begriff.

Ich wollte Hannes gern in den Gottesdienst einbeziehen, ihn etwas tun lassen, aber was? Die Lesung vortragen oder etwas Ähnliches – das ging nicht. Hannes hatte wie alle Mongoloiden eine kurze, schwere Zunge, es war für ihn schwierig, sich verständlich zu machen. Außerdem konnte er ja nicht lesen.

Da kam mir eine Idee. Zur Fußwaschung am Gründonnerstag suchte ich jedes Jahr Menschen, die entweder schweres Leid oder eine große Freude erlebt hatten: Einander die Füße waschen heißt, füreinander da sein in guten und bösen Tagen. Ich rief Hannes' Mutter an. Sie zögerte zuerst, stimmte schließlich zu.

Vor der Zeremonie stellte ich der Gemeinde die Einzelnen vor: einen Bräutigam, einen Mann, der durch einen Unfall seine Frau verloren hatte, eine Frau, die ein Kind erwartete ... Ich sagte ihnen, dass sie nicht allein seien, dass sie zu uns gehörten, ob sie nun Freud oder Leid zu tragen hätten. Zu Hannes sagte ich: „Ich möchte, dass du weißt, dass wir dich gern haben, dass du zu uns gehörst."

Bei den Fürbitten trug jeder, dem ich die Füße gewaschen hatte, eine Bitte vor. Als Hannes an der Reihe war, ging er ans Mikrophon und stammelte mit schwerer Zunge: „Für meine Mama, dass sie mich weiter gern hat."

Die Antwort „Wir bitten dich, erhöre uns!" brachten nicht viele von uns heraus, den meisten versagte die Stimme.

Hannes' Mutter erzählte mir später, er habe zu Hause eine Woche lang jeden Tag die Fußwaschung noch einmal nachvollzogen und sei dabei glücklich gewesen.

„Und zwar so glücklich, wie wir es gar nicht sein können", sagte die Mutter.

Sepp Hollweck

So verrückt bin ich gern

*G*estern bekam Annelis Vater einen wunderbaren Brief. In dem stand, dass er wieder einen Arbeitsplatz bekomme. Nach über einem Jahr Arbeitslosigkeit! Und noch dazu eine Arbeit, die ihm Spaß macht! Er schwenkte den Brief, lief hinaus auf die Terrasse zur Mutter, die dort gerade die Rabatten jätete, las ihr aufgeregt vor, was man ihm geschrieben hatte, zerrte sie von den Rabatten weg und drückte und küsste sie.

„Vorsicht, ich habe Erde an den Fingern", rief sie lachend und hielt die Arme in die Höhe, um sein Hemd nicht schmutzig zu machen.

Anneli war hinter dem Vater auf die Terrasse gelaufen. Sie begriff, wie glücklich er jetzt war. „Arno, Susi, kommt schnell!", rief sie ins Haus zurück. „Etwas Tolles ist geschehen!"

Arno stürzte aus seinem Zimmer und kam auch auf die Terrasse. „Was ist denn los?", fragte er erstaunt. Er lässt sich nicht so leicht in Erstaunen setzen. Er ist ja schon zwölf. Und jetzt rauschte die Spülung im Badezimmer und Susi erschien, die Jüngste, sieben Jahre alt.

„Vati hat Arbeit, Vati hat Arbeit!", jubelte Anneli. Die Kinder liefen auf den Vater zu und umarmten ihn.

„Ich könnte tanzen und springen vor Freude", rief der Vater.

„Tu's doch", rief Anneli.

„Als erwachsener Mann?", meinte der Vater. „Das ist nicht üblich."

Aber dann stutzte er und sagte: „Warum eigentlich nicht?"

Und schon fasste er Annelis und Mutters Hand und Mutter fasste mit ihrer anderen, schmutzigen Hand nach Arnos Hand, Arno fasste Susi, Susi fasste Anneli: Der Kreis war geschlossen. Was für ein springlebendiger Kreis! Er begann sich zu drehen. Vater hüpfte hoch und spreizte die Beine im Sprung. Dabei sang er lautstark: „Hollahi, hollaho, heut bin ich zum Platzen froh!"

Mutter ließ sich anstecken von seiner Laune. Die Kinder mussten lachen: So hatten sie ihre Eltern schon lange nicht mehr erlebt. So locker, so heiter, so unbeschwert! Es wurde ein wilder und lauter Tanz. Alle sangen mit, auch wenn es manchmal falsch klang.

Auf der Straße blieben die Leute stehen und schauten herüber. Ein Mann schüttelte den Kopf.

„Kommen Sie her und machen Sie mit!", rief ihnen der Vater zu. Sie schauten schnell weg, als fühlten sie sich ertappt, und machten, dass sie davonkamen.

„Sie halten uns für verrückt", sagte Arno.

„Die Armen", sagte Mutter heiter. „Ihnen ist nicht zu helfen. Ich jedenfalls bin ab und zu gern mal verrückt."

Sie fasste Vater mit ihren Erdfingern und tanzte mit ihm Walzer um den Unkrautkorb. Und die Kinder sprangen mit Hoho und Haha um sie herum – eines verrückter als das andere.

Gudrun Pausewang

Das Glück, arbeiten zu dürfen

Die einzige dauerhafte Form irdischer Glückselig-
keit liegt in der Produktivität.

Carl Zuckmayer

Ich beneide das Glück solcher Menschen, die sich
der Werke ihrer eigenen Hände freuen und daran
ein Wohlgefallen finden können.

Michel de Montaigne

Ich bin der Meinung, dass das heitere und freie
Spiel jener Kräfte, die so schön und liebreich in der
menschlichen Seele liegen, in Verbindung mit einer
Tätigkeit, wodurch das irdische Gut für den Einzel-
nen und so auch für die Gesellschaft hervorgebracht
wird, den Menschen ganz und völlig erfüllt und
glücklich macht.

Adalbert Stifter

Es war einer der ganz seltenen Menschen auf Erden,
denen ihr Beruf ein völliges Glück verleiht: denn er
wusste, dass es ihm in höchsten Augenblicken von
unmessbarer Dauer gegeben war, unendliche Ge-
danken zu denken. Die Stunde, in der er an dem
Glück dieser Augenblicke gezweifelt hätte, kam
nicht. Er hatte sich mit dem Unendlichen berührt,
in einer grenzenlos wandelbaren, aber unzerstör-
baren Realität sich selber gefunden.

Hugo von Hofmannsthal

Wie Costa das Glück fand

In einem fernen Land lebte einmal ein Junge, der nichts besaß als sich selber. Er hieß Costa, und weil er keine Eltern hatte, tat er bei einem Bauern Dienst.

Für ihn blieb stets die schwerste Arbeit. Er pflügte den Acker, tränkte die Tiere und hackte Holz. Von früh bis spät war er auf den Beinen. Und es gab nichts, worüber er sich freuen konnte, außer dem Grün der Wiesen und dem Zwitschern der Vögel.

Das aber schien Costa zu wenig. Wenn er abends auf sein Lager sank, dache er oft voller Sehnsucht: Ach, wenn ich doch einmal das Glück fände!

Doch ein Tag nach dem anderen verging, und ein jeder brachte nichts als Mühe und Plage.

An einem heißen, staubigen Mittag räumte Costa Steine aus einem Feld. Als er sich endlich zur Rast am Waldrand niederließ, war es ihm, als schimmere etwas durchs Gebüsch. Costa sprang auf und schob die Zweige auseinander. Er konnte kaum glauben, was er sah – vor ihm lag eine Krone aus purem Gold!

„Das Glück!", schrie Costa.

Er nahm die Krone und setzte sie auf. Dann lief er zum Wasser, um sein Spiegelbild anzusehen. Er stolzierte umher und rief die Tiere an.

„Schaut nur, ich trage eine Krone aus Gold!"

Aber die Kühe rupften weiter Gras, und die Vögel flogen davon.

„Ihr seid dumm!", sagte Costa und lachte.

Eine Weile glaubte er wirklich, sein Glück gefunden zu haben. Doch dann dachte er bei sich: Was nützt mir eine Krone, wenn ich kein Königreich dazu habe? Und so machte er sich auf die Wanderschaft, um ein Königreich zu suchen.

Als Costa ein paar Tage gegangen war, begegnete er einem schönen Hirtenmädchen.

„Ich bin Asi", sprach sie zu ihm. „Und das sind meine Tiere. Die Pferde, die Kühe, die Esel und die Ziegen, sie alle gehören mir. Willst du nicht bei mir bleiben?"

„Pah!", sagte Costa. „Was denkst du dir? Siehst du nicht, dass ich eine goldene Krone trage? Ich suche ein Königreich, und dann heirate ich die Prinzessin."

Da wurde Asi traurig und still. Costa aber ging weiter. Es war gar nicht so leicht, ein Königreich zu finden, in dem der König fehlte. Lange war Costa unterwegs, und er gab nicht auf.

Eines Tages kam er an ein Schloss mit sieben Türmen.

„Wer herrscht über dieses Land?", fragte Costa die Leute am Weg.

„Niemand", sagten die Leute, und sie sahen betrübt aus. „Wir haben keinen König."

Das war Costa gerade recht. Er lief zum Schloss und klopfte an das große Tor. Die Diener neigten sich voll Ehrerbietung vor seiner goldenen Krone. Sie breiteten einen Teppich vor ihm aus und führten ihn zur Prinzessin, die schön war und hell wie ein Wintermorgen.

„Sag ihm, dass er bleiben kann", sprach die Prinzessin zum Hofmarschall. Denn, um direkt mit

Costa zu reden, dünkte sie sich viel zu fein. „Und wenn er das Regieren versteht, so bin ich bereit, seine Frau zu werden."

Da sprang Costa Herz vor Freude. Endlich, dachte er, endlich habe ich das Glück gefunden! Und weil er so vergnügt war, begann er zu singen.

Aber da blickte der Hofmarschall ihn tadelnd an.

„Ein König singt nicht", sagte er, und er führte Costa zu seinem Thron.

Der Thron war reich verziert und aus purem Gold. Doch als Costa eine Weile darauf saß, kam er nicht umhin zu denken, dass das Moos im Walde weicher war. Unruhig rutschte er hin und her.

„Ein König sitzt still", sprach da der Hofmarschall und blickte ärgerlich.

Costa nahm sich zusammen, so gut er konnte. Es dauerte nicht lange, da kamen seine Untertanen, um ihren neuen König zu begrüßen. Sie jubelten und winkten ihm zu und schwenkten ihre Hüte.

Ei, dachte Costa, so will ich ihnen auch winken! Er nahm die Krone vom Kopf und schwenkte sie fröhlich hin und her.

Doch da packte ihn der Hofmarschall hart beim Arm und zischte: „Ein König nimmt die Krone nicht ab!" Dazu schaute er Costa bitterböse an.

König zu sein ist gar nicht so leicht, dachte Costa. Und lustig ist es auch nicht.

Er wagte kaum noch, sich zu bewegen, denn immer stand der Hofmarschall neben ihm und sagte ihm, was er alles falsch machte.

Er durfte nicht lachen, nicht husten, keine Fliegen verscheuchen, nicht mit dem Fuß scharren und nicht pfeifen. Einschlafen durfte er nicht, nicht gähnen, und in der Nase bohren schon gar nicht.

Tag um Tag ging das so, und die Prinzessin bekam Costa kaum zu sehen. Sie saß in ihrem Gemach bei geschlossenen Fenstern, damit die Sonne ihrer schneeweißen Haut nicht schade.

Einmal bat Costa, für eine Stunde in den Wald gehen zu dürfen. Aber der Hofmarschall belehrte ihn, dass ein König nicht in den Wald gehöre.

So saß Costa auf dem goldenen Thron in dem großen, steinernen Schloss. Und obschon er die feinsten Speisen bekam und seine Gewänder nach edlen Kräutern dufteten, sehnte er sich nach all den Dingen, die er früher gering geschätzt hatte.

Nach den Blumen und dem Wind und den weiten Hängen. Nach dem Regen und der Sonne und den Sternen in der Nacht. Manchmal dachte er auch an Asi, das Hirtenmädchen mit dem dunklen Haar, das so schön war wie ein Sommerabend. Wie gerne wäre Costa nun bei ihr gewesen!

Aber der Hofmarschall bewachte ihn bei Tag und Nacht. Er lehrte ihn das Regieren. Dabei hatte Costa nicht einmal Lust, die Namen der Städte und Dörfer zu behalten, die zu seinem Reich gehörten.

Es war sehr, sehr langweilig, ein König zu sein, und sehr anstrengend war es auch. Wie konnte ich nur glauben, dass es mein Glück ist?, dachte Costa, und er war verzweifelt und traurig wie nie zuvor.

„Wenn Majestät noch ein wenig lernen", sagte der Hofmarschall da, „dann kann in einer Woche die Hochzeit sein."

„Ojeh!", sagte Costa, denn er hatte überhaupt keine Lust mehr, die bleiche Prinzessin zu heiraten.

„Ein König sagt nicht ojeh!", tadelte ihn der Hofmarschall. „Ha...", machte er dann, hielt sich die
Hand vors Gesicht und schritt schnell und würde-
voll hinaus. „... tschi!", fuhr er draußen fort. „Hat-
schi!"

Natürlich wäre es ungehörig gewesen, vor dem
König zu niesen, und so war Costa plötzlich allein.

Flink nahm er die Krone vom Kopf und stellte sie
auf den goldenen Thron. Seine seidenen Pantöffel-
chen legte er rechts und links daneben. Dann sprang
er mit einem Satz zum Fenster hinaus.

Er lief und lief, bis er die Stadt hinter sich hatte.
Und ohne die Krone fühlte er sich so leicht, als ob
er schwebe. Aber vielleicht lag es auch daran, dass
Costa jetzt wirklich seinem Glück entgegenlief.

Nie war der Himmel so blau gewesen, nie der
Fluss so klar, und der Farn am Waldrand war grüner
denn je. So schön ist alles, dachte Costa, und es war
ihm, als sehe er die Welt zum ersten Mal.

Den ganzen Weg wanderte er zurück, bis er endlich Asi inmitten ihrer Tiere fand.

„Verzeih mir", sagte er, und er erzählte ihr seine
Geschichte.

Da lächelte Asi ihm zu und reichte ihm ihre Hand.
Und wie auf ein Zauberwort kamen alle Tiere herbei
und umschlossen sie in einem Kreis.

Gina Ruck-Pauquèt

WENN DU AUFHÖRST ES ZU SUCHEN,
FINDEST DU DAS GLÜCK.

Johann Wolfgang von Goethe

Was kann man denn auch tun?

*W*as kann man denn auch tun, wenn man dreißig ist, in seine eigene Straße einbiegt und plötzlich von einem Gefühl des Glücks überwältigt wird – reinen Glücks! –, als hätte man mit einem Mal ein strahlendes Stück dieser Spätnachmittagssonne verschluckt, und nun brennt es einem in der Brust, und winzige Funkenregen stieben durch den ganzen Körper, in jeden Finger und jede Zehe …

Katherine Mansfield

GLÜCK IST DAS LICHTERLOHE BEWUSSTSEIN.
DIESEN AUGENBLICK
WIRST DU NIEMALS VERGESSEN.

Max Frisch

Das Ideal

Ja, das möchste:
Eine Villa im Grünen mit großer Terrasse,
vorn die Ostsee, hinten die Friedrichstraße;
mit schöner Aussicht, ländlich-mondän,
vom Badezimmer ist die Zugspitze zu sehn –
aber abends zum Kino hast dus nicht weit.

Das Ganze schlicht, voller Bescheidenheit:

Neun Zimmer, – nein, doch lieber zehn!
Ein Dachgarten, wo die Eichen drauf stehn,
Radio, Zentralheizung, Vakuum,
eine Dienerschaft, gut erzogen und stumm,
eine süße Frau voller Rasse und Verve –
(und eine fürs Wochenend, zur Reserve) –,
eine Bibliothek und drumherum
Einsamkeit und Hummelgesumm.

Im Stall: Zwei Ponies, vier Vollbluthengste,
acht Autos, Motorrad – alles lenkste
natürlich selber – das wär ja gelacht!
Und zwischendurch gehst du auf Hochwildjagd.

Ja, und das hab ich ganz vergessen.
Prima Küche – erstes Essen –
alte Weine aus schönem Pokal –
und egalweg bleibst du dünn wie ein Aal.
Und Geld. Und an Schmuck eine richtige Portion.
Und noch ne Million und noch ne Million.
Und Reisen. Und fröhliche Lebensbuntheit.
Und famose Kinder. Und ewige Gesundheit.

Ja, das möchste!
Aber, wie das so ist hienieden:
manchmal scheints so, als sei es beschieden
nur pöapö, das irdische Glück.
Immer fehlt dir irgendein Stück.
Hast du Geld, dann hast du nicht Käten,
hast du die Frau, dann fehln dir Moneten –
hast du die Geisha, dann stört dich der Fächer:
bald fehlt uns der Wein, bald fehlt uns der Becher.

Etwas ist immer. Tröste dich.

Jedes Glück hat einen kleinen Stich.
Wir möchten so viel haben. Sein. Und gelten.
Dass einer alles hat: das ist selten.

Kurt Tucholsky

O schöne Stunde,
meisterhafte Fassung,
verwilderter Garten.

Du biegst aus dem Haus,
und auf dem Gartenweg
treibt dir entgegen
die Göttin des Glücks.

Franz Kafka, Tagebuch 15. 9. 1917

Wer war die Glücklichste?

Welch schöne Rosen!" sagte der Sonnenschein, „und jede Knospe wird springen und genauso schön werden. Es sind meine Kinder! Ich habe sie zum Leben geküßt!"

„Es sind meine Kinder!" sagte der Tau. „Ich habe sie mit meinen Tränen getränkt."

„Ich sollte doch meinen, daß ich ihre Mutter bin!" sagte die Rosenhecke. „Ihr seid nur Paten, die nach ihrem Vermögen und nach ihrem guten Willen ein Patengeschenk gaben."

„Meine schönen Rosenkinder", sagten sie alle drei und wünschten jeder Blume das höchste Glück; aber nur eine konnte die Glücklichste werden, und eine mußte die am wenigsten Glückliche werden; aber welche?

„Das werde ich schon erfahren!" sagte der Wind. „Ich fliege weit umher, dringe durch den engsten Spalt, weiß draußen und drinnen Bescheid."

Jede erblühte Rose hörte, was gesagt wurde, und jede schwellende Knospe vernahm es.

Da kam durch den Garten eine trauernde, liebevolle Mutter, schwarz gekleidet; sie pflückte eine der Rosen, die halb erblüht, frisch und voll war und die ihr von allen die Schönste zu sein schien. Sie brachte die Blume in die stille Kammer, wo noch vor wenigen Tagen die junge, lebensfrohe Tochter sich getummelt hatte, jetzt aber wie ein schlafendes Marmorbild im schwarzen Sarge lag. Die Mutter küßte die Tote, küßte dann die halberblühte Rose und legte sie an des jungen Mädchens Brust, als ob sie durch ihre Frische und durch den Kuß einer Mutter das Herz wieder zum Schlagen bringen könnte.

Es war, als ob die Rose schwoll, jedes Blatt bebte vor Freude: „Welch Weg der Liebe wurde mir vergönnt! Ich werde wie ein Menschenkind, bekomme den Kuß einer Mutter, erhalte die Worte des Segens und gehe mit in das unbekannte Reich hinein, träumend an der Toten Brust! Wahrlich, ich wurde von allen meinen Schwestern die Glücklichste!"

Im Garten, wo der Rosenstrauch stand, ging die alte Jätnerin einher; sie betrachtete auch die Herrlichkeit des Strauches und heftete ihre Augen auf die größte, ganz erblühte Rose. Noch ein Tautropfen und noch ein heißer Tag, dann würden die Blätter fallen; das sah die Frau und fand, daß die Rose den Nutzen ihrer Schönheit gebracht hatte, nun sollte sie auch den des Vorteils bringen.

Und dann pflückte sie sie und legte sie in eine Zeitung, sie sollte nach Hause zu anderen verblühten Rosen und, mit ihnen eingelegt, ein Potpourri werden, zusammen mit den kleinen blauen Knaben, Lavendel genannt, mit Salz einbalsamiert werden, das werden nur Rosen und Könige.

„Ich werde die am meisten Geehrte!" sagte die Rose, als die Jätnerin sie nahm. „Ich werde die Glücklichste! Ich soll einbalsamiert werden."

In den Garten kamen zwei junge Männer, der eine war ein Maler, der andere ein Dichter; jeder von ihnen pflückte eine Rose, schön anzusehen. Und der

Maler malte auf die Leinwand ein Bild der blühenden Rose, daß sie glaubte sich zu spiegeln.

„So", sagte der Maler, „soll sie viele Menschenalter hindurch leben, in denen Millionen und aber Millionen von Rosen welken und sterben!"

„Ich wurde die am meisten Begünstigte!" sagte die Rose. „Ich gewann das größte Glück!"

Der Dichter betrachtete seine Rose, schrieb ein Gedicht über sie, ein ganzes Mysterium, alles, was er auf dem Blatte der Rose las: »Das Bilderbuch der Liebe«. Es war eine unsterbliche Dichtung.

„Ich bin mit ihr unsterblich geworden!" sagte die Rose. „Ich bin die Glücklichste!"

In all der Rosenpracht gab es doch eine, die von den anderen fast versteckt saß; zufälligerweise, vielleicht glücklicherweise, hatte sie einen Fehler, sie saß schief auf dem Stiel, und an der einen Seite entsprachen die Blätter nicht denen der anderen Seite; ja, mitten aus der Blume selbst wuchs ein kleines, verkrüppeltes grünes Blatt heraus; das geschieht sogar bei Rosen!

„Armes Kind!" sagte der Wind und küßte sie auf die Wange. Die Rose glaubte, es sei ein Gruß, eine Huldigung; sie hatte das Gefühl, ein wenig anders als die übrigen Rosen geschaffen zu sein, und daß ein grünes Blatt aus ihrem Innern wuchs, hielt sie für eine Auszeichnung. Ein Schmetterling flog auf sie herab und küßte ihre Blätter, es war ein Freier, sie ließ ihn wieder fliegen. Es kam ein gewaltig großer Grashüpfer, er setzte sich zwar auf eine andere Rose, rieb sich das Schienbein, das ist bei den Grashüpfern das Zeichen der Liebe; die Rose, auf der er saß, verstand es nicht, aber das tat die Rose mit der Auszeichnung, dem grünen verkrüppelten Blatte, denn der Grashüpfer sah sie mit Augen an, die sagten: „Ich könnte dich vor lauter Liebe fressen!" Und weiter kann die Liebe niemals gehen: der eine geht im anderen auf! Aber die Rose wollte nicht in diesem Springinsfeld aufgehen. Die Nachtigall sang in der sternklaren Nacht.

„Das geschieht allein für mich!" sagte die Rose mit dem Fehler oder der Auszeichnung. „Warum werde ich in allem so vor meinen Schwestern ausgezeichnet? Warum bekam ich diese Eigentümlichkeit, die mich zur Glücklichsten macht?"

Dann kamen zwei zigarrenrauchende Herren in den Garten; sie sprachen über Rosen und Tabak: Rosen sollten den Rauch nicht vertragen können, sie wechseln die Farbe, werden grün; das müßte probiert werden. Sie konnten es nicht übers Herz bringen, eine von den allerschönsten Rosen zu nehmen, sie nahmen die mit dem Fehler.

„Welch neue Auszeichnung!" sagte sie. „Ich bin außerordentlich glücklich! Die Allerglücklichste!"

Und sie wurde grün vor Stolz und Tabakrauch.

Eine Rose, noch eine halbe Knospe, vielleicht die Schönste am Strauche, bekam den Ehrenplatz in dem kunstvoll gebundenen Strauße des Gärtners; er wurde dem jungen Herrn des Hauses gebracht und fuhr mit ihm in der Kutsche; die Rose saß zwischen anderen Blumen und frischem Grün als die Blume der Schönheit; sie kam zu Fest und Glanz, dort saßen geschmückte Herren und Damen, von tausend Lampen beleuchtet; die Musik erklang; es war im Lichtermeer des Theaters, und als die gefeierte junge Tänzerin unter stürmischem Jubel auf die Bühne schwebte, flog Strauß auf Strauß wie ein Blumenregen vor ihre Füße. Dorthin fiel der Strauß, in dem die schöne Rose wie ein Edelstein saß; sie spürte ihr ganzes, namenloses Glück, den Ruhm und den Glanz, in dem sie schwebte, und als sie den Fußboden berührte, tanzte sie mit, sie sprang, eilte über die Bretter, von ihrem Stiele gebrochen, als sie fiel.

Sie kam nicht in die Hände der Gehuldigten, sie wollte hinter die Kulisse, wo ein Maschinenmann sie aufnahm; er sah, wie schön sie war, wie voll von Duft, aber einen Stiel hatte sie nicht mehr. Dann steckte er sie in seine Tasche, und als er abends nach Hause kam, erhielt sie einen Platz im Schnapsglase und lag dort die ganze Nacht auf dem Wasser. Am frühen Morgen wurde sie vor die Großmutter hingestellt, die alt und kraftlos im Lehnstuhl saß. Sie sah sich die abgebrochene herrliche Rose an, freute sich über sie und ihren Duft.

„Ja, du kamst nicht auf den Tisch des reichen feinen Fräuleins, sondern zu der armen alten Frau; doch hier bist du wie ein ganzer Rosenstrauch; wie schön bist du!" Und sie sah mit kindlicher Freude auf die Blume, dachte gewiß auch an ihre längst vergangene frische Jugendzeit.

„Da war ein Loch in der Scheibe", sagte der Wind, „ich kam leicht hinein, sah die jugendfrisch leuchtenden Augen der alten Frau und die abgebrochene schöne Rose im Schnapsglase. Die Glücklichste von allen! Ich weiß es! Ich kann es erzählen!"

Jede Rose von dem Strauch im Garten hatte ihre Geschichte. Jede Rose glaubte und dachte die Glücklichste zu sein, und der Glaube macht selig. Die letzte Rose meinte, sie sei doch die Allerglücklichste.

„Ich überlebte sie alle! Ich bin die letzte, die einzige, Mutters liebstes Kind!"

„Und ich bin ihre Mutter!" sagte die Rosenhecke.

„Ich bin es!" sagte der Sonnenschein.

„Und ich!" sagten Wind und Wetter.

„Jeder hat teil an ihnen!" sagte der Wind. „Und jeder soll teil an ihnen haben!" Und dann streute der Wind ihre Blätter über die Hecke, wo die Tautropfen lagen, wo die Sonne schien.

„Auch ich bekam meinen Teil", sagte der Wind „Ich sah die Geschichte aller Rosen, die ich in der weiten Welt erzählen will! Sag mir dann, wer von allen die Glücklichste war! Ja, das mußt du sagen, ich habe genug gesagt!"

Hans Christian Andersen

Die Rose

*D*er Dichter Rainer Maria Rilke ging in der Zeit seines Pariser Aufenthaltes regelmäßig über einen Platz, an dem eine Bettlerin saß, die um Geld anhielt. Ohne je aufzublicken, ohne ein Zeichen des Bittens oder Dankens zu äußern, saß die Frau immer am gleichen Ort. Rilke gab nie etwas, seine französische Begleiterin warf ihr häufig ein Geldstück hin. Eines Tages fragte die Französin verwundert, warum er nichts gebe.

Rilke antwortete: „Wir müssten ihrem Herzen schenken, nicht ihrer Hand."

Wenige Tage später brachte Rilke eine eben aufgeblühte weiße Rose mit, legte sie in die offene, abgezehrte Hand der Bettlerin und wollte weitergehen. Da geschah das Unerwartete: Die Bettlerin blickte auf, sah den Geber, erhob sich mühsam von der Erde, tastete nach der Hand des fremden Mannes, küsste sie und ging mit der Rose davon.

Eine Woche lang war die Alte verschwunden; der Platz, an dem sie vorher gebettelt hatte, blieb leer. Nach acht Tagen saß sie plötzlich wieder wie früher an der gewohnten Stelle. Sie war stumm wie damals, wiederum nur ihre Bedürftigkeit zeigend durch die ausgestreckte Hand.

„Aber wovon hat sie denn in all den Tagen gelebt?", fragte die Französin.

Rilke antwortete: „Von der Rose…"

Josef Bill

Höchstes Glück

Höchstes Glück ist doch, zu spenden
denen, die es schwerer haben
und beschwingt, mit frohen Händen
auszustreun die schönen Gaben.

Schöner ist doch keine Rose
als das Antlitz des Beschenkten,
wenn gefüllet sich, o große
Freude, seine Hände senkten.

Nichts macht doch so gänzlich heiter
als zu helfen, helfen, allen!
Geb ich, was ich hab, nicht weiter
kann es mir doch nicht gefallen.

Bertolt Brecht

DIE MENSCHEN KOMMEN DURCH NICHTS
DEN GÖTTERN SO NAHE,
WIE DADURCH,
DASS SIE ANDERE MENSCHEN GLÜCKLICH MACHEN.

Cicero

Ein Stundengebet

Schöner blüht heute der Phlox und süßer
duften im Baum die Jakobiäpfel.
Ringsum begegnet mir alles freundlich.

Wer hat vom Glück auf Erden,
das nie für alle gleichzeitig ausreicht,
mir diese Stunde geliehn?
Und wem wird sie fällig werden?

Lass mich sie dankbar entbehren,
wenn wieder ein andrer sie braucht.

Christine Busta

Das alles war das Glück

Im vergangenen Sommer, als Sejde, die Tochter eines Hirten, in die Sippe ihres Mannes aufgenommen worden war, hatte an ihrem Haus noch viel gefehlt. Die Wände waren noch nicht ausgeschmiert und verputzt, das Dach war noch nicht mit Lehm übergossen gewesen. Wenn doch diese Tage noch einmal zurückkehrten! In ihrer Freizeit hatten sie an ihrem Haus gearbeitet, und vielleicht waren es vor allem diese Stunden gewesen, in denen sich Sejde in den Strahlen ihres Glücks gesonnt hatte. Sie erinnerte sich, wie das warme Wasser aus dem Aryk, dem Bewässerungsgraben, strömte und wie sie beide, ihr Mann und sie, den Ketmen schwangen und die Spreu mit gelber Erde vermischten. Die Beine bis zu den Oberschenkeln entblößt, standen sie im schmatzenden Lehm und kneteten ihn. Es war eine schwere Arbeit; Sejdes neues Satinkleid verlor in wenigen Tagen die Farbe, doch sie spürten keine Müdigkeit. Auch ihr Mann war damals zufrieden und froh; er nahm seine Frau des öfteren bei den vollen braun gebrannten Armen und zog sie an seine Brust oder trat ihr aus Übermut im Lehm auf den Fuß. Sejde riss sich los und lief ihm lachend davon. Wenn er sie fing, zeigte sie sich zum Schein ungehalten.

„Lass mich doch los, lass mich! Wenn deine Mutter uns sieht – schämst du dich nicht?" Dabei schlüpfte sie hinter seine Schultern und presste für einen Augenblick ihre festen, geschmeidigen Brüste an seinen Rücken. „Genug, sage ich! Ach, wie du aussiehst, dein ganzes Gesicht ist voll Lehm!"

„Und du? Guck dich erst mal an!"

Und Sejde holte aus der kleinen Brusttasche ihres Beschmets, der achtlos im Schatten eines Baumes lag, einen kleinen runden Spiegel hervor. Der Spiegel war ihr ständiger Begleiter. Jedes Mal, wenn sie sich verlegen von ihrem Mann losgemacht hatte, betrachtete sie darin glücklich ihr errötetes, lehmverschmiertes Gesicht. Aber Lehm schadet ja der Schönheit nicht. Sejde lachte in den Spiegel, lachte vor Glück. Was taten ihr schon die paar Lehmspritzer!

Abends, nach einem Bad im Aryk, legte sie sich unter dem Aprikosenbaum schlafen. Ihr Körper bewahrte noch lange den Duft und die Kühle des fließenden Wassers. Und über ihr im dunklen Blau der Nacht schimmerte der schneebedeckte schartige Gebirgskamm wie mattes Perlmutt; im Luzernefeld hinter dem Aryk blühte frische, duftende Minze, und irgendwo im Gras ganz in der Nähe schlug eine Wachtel. Sejde war völlig von dem beseligenden Gefühl ihrer eigenen Schönheit und der Schönheit alles sie umgebenden Lebens gefangen genommen, sie schmiegte sich noch enger an ihren Mann und legte ihre Hand sanft auf seinen Hals. Was schmiedeten sie in jener Zeit nicht alles für Pläne! Sie würden das Haus fertig bauen und sich einrichten, sie würden Sejdes Eltern zu Gast laden, ihnen Geschenke machen. Das alles war das Glück. Die Zeit verging wie im Fluge – man merkte kaum, wie die Nacht den Tag ablöste.

Tschingis Aitmatow

Ist das nicht Glückseligkeit?

*A*uch unser irdisches Leben hat seinen Reiz wegen einer ganz eigenartigen Schönheit und wegen seiner Harmonie mit all dem Schönen auf Erden. Auch die Freundschaft unter Menschen mit ihrem Liebesband ist süß, da sie die Herzen eint.

Ist es nicht Glückseligkeit, Söhne zu haben ohne Tadel, schmucke Töchter, strotzendes Vieh, keinen Riss in der Wand, kein Loch in der Hecke; nicht Aufruhr und Lärm auf den Straßen, sondern Ruhe, Friede, Überfluss, die Fülle der Dinge in den Häusern, in den Städten?

Ist das nicht Glückseligkeit? Müssen wir davor fliehen? Nein!

Aurelius Augustinus

ES IST DER MENSCH,
DER DEM MENSCHEN ZU SEINEM GLÜCK
AM NOTWENDIGSTEN IST.

Paul Thierry von Holbach

Glück von mir zu dir

*E*in gut Teil des Glücks liegt wohl in dem, was wir einander geben können: ruhen, einander nahe sein, einander wohl und sicher behüten. Miteinander träumen in der warmherzigen Fantasie, in der Zartheit der Augen und der Hände, die erspürt, was der andere sucht. Im Spiel der Einfälle, in dem die Ekstase und die Geduld eins sind. Und in der Gewissheit, dass der andere da ist.

Und vielleicht geht von diesem Glück danach auch ein wenig auf andere über, die es vermissen und es doch so nötig brauchen. Wo Glück ist, sind heilende Kräfte, und vielleicht ist die gute, behütende Kraft, die von glücklichen Menschen ausgeht, am Ende der Sinn und die Bestimmung des Glücks.

Jörg Zink

SEINE FREUDE
IN DER FREUDE DES ANDERN FINDEN,
DAS IST DAS GEHEIMNIS DES GLÜCKS.

Georges Bernanos

Herr, ich freue mich

Herr, ich freue mich,
weil du die Lilien des Feldes
und die Spatzen auf dem Dach liebst.
Ich freue mich, weil du keinen Unterschied machst
zwischen Weißen und Schwarzen.
Ich freue mich, weil die Wolken und die Flüsse
so unbekümmert und fröhlich sind.
Ich freue mich, weil ich jeden Tag –
fast jeden Tag! – etwas zu essen habe.
Ich freue mich, weil ich lesen und schreiben kann.

Ich freue mich,
weil meine schwarzen Brüder und Schwestern
so gerne lachen.
Ich freue mich,
weil auch die Heiligen frohe Menschen waren.
Ich freue mich, weil deine Religion so froh macht.
Herr, ich bin glücklich.

aus Ostafrika

Das Haus des Glücks

*D*ie hintere Seite ihres Hauses kannte ich schon seit Jahren: eine blinde Mauer mit einer kleinen Schuppentür. Von der Seitenfront kann ich hier von meinem Fenster aus wenig sehen: Es gibt zuviel Schlagholz auf den Böschungen der Äcker, die vor der Hinterseite des Hauses liegen. Die Vorderfront sehe ich nie.

Ja, doch, ich habe sie wohl einmal gesehen, als ich dort indiskret vorbeispazierte auf dem dunkel überschatteten Weg, der zwischen jener Vorderfront und dem Garten des ehemaligen Klosters, einem kleinen Park mit hohen Bäumen, entlangführt. Durch die geöffnete Tür des Hauses konnte ich hineinsehen: Es war da rein und sauber. Und dann sah ich die junge Frau, die damals dort mit dem Kind wohnte; sie hielt es in den Armen und sang ihm zu mit geschlossenen Augen und sanft lächelnd, und sie ging so darin auf, dass sie gar nicht bemerkte, wie ich, ehe ich weiterging, einen Moment vor der Tür zögerte.

Ja, dachte ich, dieses Haus habe ich jetzt schon seit Jahren aus der Ferne von der Hinterseite gesehen, und ich habe es immer das Haus des Friedens genannt, das Haus des Glücks. Das war ein Spiel für mich.

Was wusste ich von den Bewohnern dieses Hauses, die ich aus meinem Fenster manchmal sah auf ihrem Feld, auf ihrer kleinen Wiese – dieser Wiese, auf der erst nur eine Kuh stand und wo ich später drei Kühe weiden sah? Es wäre mir leicht gewesen zu erfahren, wie die Leute, die dort wohnten, hießen, es war mir vielmehr schwer, und ich musste vieles umgehen, um unwissend zu bleiben in einem Dorf, wo jeder jeden kennt. Ich sprach jedoch mit niemand über die Leute in jenem Haus; das gehörte zu dem Spiel meiner Fantasie, dass das Glück und der Frieden hier wohnen mussten, – ein warmes und inniges und gesegnetes Glück.

Ich war schon oft auf das Haus aufmerksam geworden, als da noch ein alter Mann und eine alte Frau mit einem jungen Mann, ihrem Sohn, wohnten. Sie waren dort keine richtigen Bauern, der Sohn war bestimmt Tagelöhner anderswo auf einem Bauernhof, zu Hause arbeitete er meistens auf seinem Feld in der Abend- und Morgendämmerung. Er säte, setzte Kartoffeln, düngte, jätete und erntete. Ein Bauernjunge, kräftig, geschmeidig in den Beinen und Lenden, und er konnte arbeiten und tüchtig anfassen. Wenn er Kartoffeln setzte, kam der alte Mann ihm helfen: Der junge Mann stach die Löcher, das eine nach dem anderen, und der alte Mann, den Eimer am gekrümmten Arm, ließ in jedes eine Kartoffel fallen: Das sah ich in dieser Entfernung nur an der Geste. Der junge Mann hatte viel Geduld mit dem Alten – wenn der alte Mann einmal den Rücken strecken oder sich am Rain hinsetzen wollte, übernahm der junge Mann den Eimer von ihm, füllte ihn aus dem Sack, der vor dem Feld stand, und pflanzte dann selbst die Kartoffeln aus, um dann wieder neue Löcher zu stechen und damit zu gleicher Zeit die gefüllten Löcher zuzumachen. Dieser junge Mann ist gut zu seinem Vater, dachte ich. Dann kam die alte Frau hinter der verborgenen Vorderfront hervor und sah, die Hände in der Seite, freundlich zu. Und wenn es schon anfing, dunkel zu werden, gingen sie zu dritt langsam in das Haus. Dann rauchte der Schornstein ...

Später im Frühjahr jätete der alte Vater die Kartoffeln. Er tat das nur langsam, er arbeitete jedoch ununterbrochen weiter. Die alte Frau kam aus dem Hause und trat auf ihn zu. Unter ihren Augen arbeitete er noch eine Weile weiter, dann gingen sie zusammen langsam ins Haus. Später kam der alte Mann allein wieder zurück, er wischte sich den Mund ab und stopfte sich behaglich eine Pfeife: Seine Frau hatte ihn natürlich mit ins Haus genommen, um ihm eine Tasse Kaffee einzuschenken, die alte Leute so sehr genießen. – Jetzt arbeitete der alte Mann wieder weiter, und der Rauch seiner Pfeife qualmte über seinem Kopf.

An einem Morgen jenes Winters sah ich beim Häuschen ein paar in Schwarz gekleidete Leute zusammenstehen. Sie verschwanden hinter der Vorderfront, später kamen sie wieder zum Vorschein und gingen in der Reihe hinter einem Sarg, den sechs Träger trugen. Einer der beiden alten Leute war gestorben, dachte ich. Nein, der junge Mann natürlich nicht, es war viel wahrscheinlicher, dass es einer der alten Leute war, aber wer von beiden, der Mann oder die Frau? Ich hätte es sehr leicht erfahren können, aber ich wollte dieses Leben nur aus der Ferne beobachten und nicht danach fragen oder ihm näher kommen.

Als die Tage länger wurden, zeigte sich dort wieder etwas mehr Tätigkeit. Der junge Mann fing wieder an, Kartoffeln zu setzen, und da kam hinter der Vorderfront langsam die alte Frau hervor. Der alte Mann war also tot. Ich dachte an seine alten Tage, an seine Tasse Kaffee und an seine Pfeife und wie gut sein Sohn zu ihm gewesen war; und jetzt war er tot.

Und dann kam das Mädchen. Sieh, dachte ich, als ich das Mädchen zum ersten Male sah, da ist also auch noch eine Tochter. Ich hatte das Mädchen noch nie gesehen, es war sicher aus dem Hause und irgendwo im Dienste gewesen, jetzt war es zurückgekommen. Es war jung, hatte eine ranke Gestalt und dunkles, welliges Haar, in dem das Licht so goldig scheinen konnte, wenn es mit seinem langsamen Schritt durch das Feld ging. Es war genauso wie der junge Mann. Nein, es war da doch wohl eine gute Familie von freundlichen Leuten. Sieh einmal, wie zuvorkommend das Mädchen zu der alten Mutter war, es hielt sie am Arm und ging langsam mit ihr dorthin, wo der junge Mann grub. Dann ließ es den Arm der alten Frau los, und während der junge Mann und die alte Frau einen Moment regungslos zusahen, ließ das Mädchen aus dem Einer, den der junge Mann ihm überreicht hatte, behutsam in ein Loch nach dem anderen eine Kartoffel fallen. Dabei reichte es bis tief an den Boden – es war bestimmt diese Arbeit nicht gewohnt.

Nein, das Mädchen war nicht die Tochter der alten Frau, sie war jedenfalls nicht die Schwester des jungen Mannes. Denn einmal, als das Korn hoch war, sah ich die beiden jungen Menschen am Rande des vom Winde bewegten Korns sitzen. Sie spielten das neckische Spiel mit einem Kornhalm, und dann das Spiel mit ihren Händen, das Zusammenflechten ihrer Finger, eine sitzende Schäkerei, und dann waren sie stille, die Arme umeinandergeschlungen. Sie saßen da so im Abend versunken.

Die nächsten Tage habe ich sie oft gesehen, wenn sie stille durch die Felder, über die der Abend fiel, spazierten. Es war ihnen anzusehen, wie sehr sie sich ineinander verloren, wie sehr in Ekstase sie diesen Lenz der Liebe erlebten.

Der junge Mann und das Mädchen empfanden in dieser Frühlingswelt die Entzückung, die Berauschung ihres Glücks. Das bleibt nicht so, oh, nein.

Von ihrem Hochzeitstage war ich nicht Zeuge. Als ich nach einer Abwesenheit von einigen Wochen wieder zurückkam und von meinem Fenster dort weit im Felde das Haus wiedersah, begriff ich, dass die jungen Menschen in der Zwischenzeit geheiratet hatten. Die junge Frau kam jetzt regelmäßig von der Vorderfront hervor. Sie stand regungslos im Felde, wenn der junge Mann an der Arbeit war. Sie gingen jetzt nicht mehr so verschlungen, doch sah ich sie bei ihrem Gang durch die Äcker Hand in Hand. Nein, die Entzückung bleibt nicht, sie ist indessen nicht zu groß als Vorspiel für das, was in der Stille und Reife kommt.

Der junge Mann arbeitete nun auch oft am Tage auf dem Feld. Hinter seinem Acker lag Brachland, da wuchsen Schlagholz und Ginster. Das Holz hackte er; da stand er mit seinem Beil, das ich nicht hörte. Den Ginster mähte er ab, und später sah ich ihn pflügen mit einem Pferd, ja, und in jenem Sommer grasten zwei Kühe auf der kleinen Wiese.

Und als wieder ein neuer Frühling kam, da geschah etwas anderes: Da sah ich an der Seitenfront des Hauses undeutlich das Weiß einer Wiege unter den Blättern der hohen Bäume des alten Klostergartens. Die junge Mutter kam oft an die Wiege, sie näherte sich ihr so bedachtsam. Abends trug der Vater die leere Wiege ins Haus. Aber die alte Frau sah ich nicht mehr. Und in jenem Winter standen wieder ein paar Menschen in Schwarz zusammen unter den kahlen Bäumen, und später sah ich sie fortgehen in einer kleinen Reihe hinter den Trägern des Sarges.

Tod und Leben. Das alte Geschlecht verschwindet, die alten Leute hatten jedoch Kinder und Kindheit in diesem Haus, ihr Leben hatte seine Erfüllung. Und das junge Leben betrachtete ich von Phase zu Phase. Im neuen Sommer stand die Wiege wieder draußen, aber darin lag nicht mehr das erste Wiegenkind; ein zweites war jetzt da; und das erste streckte schon seine hastigen Ärmchen nach allem aus, nach dem Wanken eines Astes, nach einer Taube, die flog. Eine dritte Kuh kam auf die Wiese, neues Land war gewonnen, es wurde dort ein richtiger Bauernbetrieb.

Und wieder kam ein neuer Sommer, da sah ich den jungen Bauern mit Karre und Pferd fahren. Ich hatte ihn wohl schon früher mit einem Pferd gesehen, wenn er pflügte, aber jenes Pferd stallte er nicht ein, das war geborgt, und er brachte es zurück. Das Pferd, das er jetzt hatte, war nicht geborgt, o nein, er führte es in die Scheune, durch die kleine Tür in der Hinterfront. Mit jener Frau war gewiss der Segen ins Haus gekommen, es herrschte dort Wohlstand. Sie kamen voran. Jetzt dauerte das Melken auf der Wiese schon eine lange Zeit. Es waren ja drei Kühe, zu denen der Mann sich der Reihe nach mit seinem Melkschemel setzte. Es war dort Segen.

Nein, nicht jedes Leben ist durch Dramen und Widersprüche zerrissen, durch Verhältnisse der Bosheit, und geschändet von menschlichen Sünden und Leidenschaften, nicht jedes Leben ist kompliziert und voller Verwirrung. Was in der Intimität dieser Menschen geschah, davon wusste ich nichts, auch nichts von ihren Sorgen und Lasten; aber was ich sah, war doch das Antlitz des Lebens, das waren die klaren Fenster ihres Lebens. Hier war das Glück, ländlich, in seiner ganzen Einfalt, so von selbst redend, die Erfüllung des Lebensberufes, eine Erfüllung mit Wachstum gesegnet, genauso natürlich wie das Wachsen von Blumen und Pflanzen in Sonne und Regen.

Die Sommer kamen, die Sommer gingen. Sie ließen die Garben eine Weile auf den Feldern stehen, und auch die junge Frau hatte die Garben gesetzt, und, nein, dieser Mann und diese Frau entfernten sich nicht voneinander, er kam, während er das Mähen unterbrach, immer wieder, ihr zu helfen, und sie band die Garben zusammen mit immer denselben ruhigen Gesten, die ihr so etwas Anmutiges gaben. An ihrer Gestalt konnte ich sehen, wenn sie wieder in anderen Umständen war. Sie ging dann ein wenig nach hinten gebeugt, ihrem Gang war es anzusehen. Ich sah sie auch mit ihren Kleinen auf der Wiese spielen. An einem warmen Spätsommertag sah ich sie Kartoffeln ausmachen, und dann kamen ihre Kinder und spielten neben ihr. Das Älteste war ein Mädchen, und dann kamen ein paar Jungen, und jetzt in dem warmen Sand des Kartoffelackers war diese

Mutter so ausgelassen. Sie lag flach hingestreckt und tollte mit den Kindern herum.

Dann kam der Frühlingstag, der Himmelfahrtstag; am Vorabend ist dann im Dorfe alles schon auf morgen vorbereitet: Vor allen Türen ist geharkt, in allen Häusern gebohnert, die jungen Hecken geschoren, der Himmel ist gewaschen, denn morgen ist Kinderkommunion. Im Häuschen dort im Felde hatten sie zum ersten Male auch eins dabei, das Älteste, das Mädchen.

Während eines Besuches abends im Pfarrhaus sprach ich mit dem Pfarrer über die Kommunikanten und fragte ihn, wie viele es gewesen seien. Dann konnte ich es in diesem Augenblick nicht unterlassen: Ich sprach auch über das eine Kind, das ich kannte und auch nicht kannte, das ich immer wieder gesehen hatte in den Jahren, in denen es aufwuchs, dessen Namen ich jedoch nicht wusste – ein Kind von den Leuten im Hause am Feldweg beim alten Klostergarten.

„Oh, die?"

„Ja, die hatten eine Kommunikantin!"

Der Pfarrer nannte mir den Namen jener Leute, und ich bat ihn nicht, ihn zu wiederholen, als ich ihn, zu meiner Genugtuung, nicht verstand.

Ich sagte: „Das sind da glückliche Leute!"

Der Pfarrer sah mich ein wenig verwundert an.

„Ja", sagte er, „es ist eine sehr gute Familie."

Im Pfarrhauszimmer waren die Fenster geöffnet, und draußen bei der vollen Blüte des Flieders und der Reseden sang eine Drossel.

„Jedenfalls schlagen sie sich gut durch", sagte der Pfarrer.

„Ja, sie schlagen sich gut durch, sie kommen vorwärts. Diese Frau dort ist ein Segen."

„Die Frau muss man bewundern. Genauso geschickt in allen Dingen, in denen auch jede andere Frau geschickt sein kann, nie klagt sie, immer munter. Ja, wie sie es trägt …"

„Was trägt?"

„Aber Sie kennen jene Leute doch?"

„Ja, vom Sehen, aus der Ferne."

„Aber wissen Sie denn nicht?"

Der Pfarrer sieht mich erstaunt an, er sieht und fühlt jedoch, dass ich tatsächlich nicht weiß, was bestimmt jeder weiß. Dann sagt er: „Die Frau ist blind!"

Als ich schon wieder draußen war auf dem Wege zum Pfad, wo sie wohnen, habe ich die Worte des Pfarrers noch in den Ohren, seine Erklärung, dass die Frau nicht so geboren ist, aber später als Kind bei einem Unglück und nach einer Operation, die nichts nutzte, blind geworden sei, und seine Beruhigung über die Kinder.

Diese Frau ist blind! Die ganze Behutsamkeit der tastenden Gesten der Frau wird mir deutlich, und ich erinnere mich an ihr seliges Glückslächeln, als sie im sauberen Haus das Kind an sich drückte. Mein Gott, sie sieht das Kind nicht, nie, und nie diese Erde, ihre kleine Welt von Feldern, Wiesen, Ginster, Hahnenkamm und von winddurchwehtem Korn unter den Wolken von Gottes Himmel. Was hat die Finsternis ihrer Augen durchleuchtet in jenem Glückslächeln um ihr Kind? Wie wird sie die kleinen Gesichter der Kinder abgetastet haben – ja, zu diesen Gesichtern selbst hat sie gelacht, und für diese horchenden Kinderohren selbst hat sie gesungen.

Jetzt ist es Abend. Der Goldregen und der Flieder blühen, und im alten Klostergarten glühen die Rhododendren. Dort vor ihrem Haus, auf Schilfrohrstühlen, sitzen Mann und Frau nebeneinander. Die Kinder spielen ruhig um sie, und da steht die Kommunikantin mit den welligen Locken in ihrem langen weißen Kleid. Als ich vorübergehe, grüßt der Mann: „Guten Abend!"

Die Frau hebt ihr blindes Gesicht und sagt mit ihrer sanften, klaren Frauenstimme, deren Klang von der Dämmerung befangen ist: „Guten Abend!"

Ich fühle, wie mein Herz sich zusammenzieht –, nein, nein, nein, nicht ihres Unglücks wegen, sondern wegen ihres Glücks, dessen tiefen unvermuteten Inhalt ich jetzt erst spüre, da ich das Antlitz ihres Lebens so viel näher sehe.

Anton Coolen (gekürzt)

Eine wunderbare Heiterkeit

*E*ine wunderbare Heiterkeit hat meine ganze Seele eingenommen, gleich den süßen Frühlingsmorgen, die ich mit ganzem Herzen genieße. Ich bin allein und freue mich meines Lebens in dieser Gegend, die für solche Seelen geschaffen ist, wie die meine. Ich bin so glücklich, so ganz in dem Gefühl von ruhigem Dasein versunken. Ich könnte jetzt nicht zeichnen, nicht einen Strich, und bin nie ein größerer Maler gewesen als in diesen Augenblicken.

Wenn das liebe Tal um mich dampft und die hohe Sonne an der Oberfläche der undurchdringlichen Finsternis meines Waldes ruht und nur einzelne Strahlen sich in das innere Heiligtum stehlen, wenn ich dann im hohen Grase am fallenden Bach liege, wenn ich das Wimmeln der kleinen Welt zwischen den Halmen fühle und fühle die Gegenwart des Allmächtigen, der uns nach seinem Bilde schuf, der uns in ewiger Wonne schwebend trägt und erhält – mein Freund, wenn's dann um meine Augen dämmert und die Welt und der Himmel ganz in meiner Seele ruhn wie die Gestalt einer Geliebten, dann sehne ich mich oft und denke: Ach, könntest du das wieder ausdrücken, was so voll, so warm in dir lebt, dass es würde der Spiegel deiner Seele, wie deine Seele ist der Spiegel des unendlichen Gottes!

Johann Wolfgang von Goethe

Die Bäume

Immer sind es Bäume
die mich verzaubern

Aus ihrem Wurzelwerk schöpfe ich
die Kraft für mein Lied

Ihr Laub flüstert mir
grüne Geschichten

Jeder Baum ein Gebet
das den Himmel beschwört

Grün die Farbe der Gnade
Grün die Farbe des Glücks

Rose Ausländer

Vom Tanz zum Schweigen

*E*ine Frau erzählt: „Spiel und Langeweile, Loslassen und Ankommen habe ich vor Jahren auf einer Studienreise in der Türkei beobachten können. Auf dem von einer kleinen Mauer umgebenen öffentlichen Dorfplatz trafen sich die Frauen zum wöchentlichen Brotbacken. Sie redeten und diskutierten und gerieten in Bewegung, die ohne Musik in einen wellenartigen Tanz überging. Es war unmöglich, sich dieser Freude, diesem Gefühl von Mitte zu entziehen. Als der Tanz zu Ende ging, setzten sich die Frauen und verweilten in ruhigem Schweigen, es war, als wollte man der Seele Gelegenheit geben, nachzukommen. Dies war ein Glücksmoment, ein Ankommen bei sich selbst, wie ich es nie mehr gespürt habe.“

Henry G. Tietze

Sie singt die Namen der Sterne

*I*st das eine Finsternis", sagt Andreas, als er aus dem Haus tritt. „Warte! Ich kann nichts sehen."

Isabel legt ihre Hand unter seinen Ellbogen und führt ihn den Weg hinauf bis zur Gartentür. Ihr macht die Dunkelheit nichts aus, sie hat Nachtaugen wie eine Katze.

Da glimmt vor ihnen ein rötliches Licht auf. Der alte Bauer, der sie mit seinem Schlitten abholen will, ist zur Seite getreten und hat die verrußte Laterne freigegeben.

Andreas streckt seine Hand aufs Geratewohl in die Nacht hinein. Sie wird gefasst und geschüttelt: „Guten Abend auch! Wenn Sie bitte einsteigen mögen."

„Ja, gern. Und vielen Dank, dass Sie uns holen", sagt Andreas.

Ein Klirren ertönt, als fielen Glasscherben auf den gefrorenen Schnee.

„Och, ich mache auch ganz gern mal eine kleine Schlittenfahrt. Wenn Sie bitte einsteigen mögen."

Allmählich erkennt Andreas den winzigen Holzschlitten in der Nacht und das große dunkle Pferd davor, das ungeduldig stampft. Mit Händen und Füßen tastet er sich in das Gefährt, in dem Isabel schon Decken und Felle ausbreitet. Wie er sich gesetzt hat, kuschelt sie sich neben ihn und hüllt ihn und sich ein. Die Decken riechen nach Torfrauch und Heu. Sogleich entsteht eine behagliche Wärme.

Aber der Bauer legt noch eine Art Segeltuch über sie und knüpft es an den Seiten fest. „Da geht kein Wind durch, passen Sie mal auf." Dann schwingt er sich auf den Sitz, der rechts hinten am Schlitten angebracht ist, schwippt, nachdem er die Zügel ergriffen hat, ein bisschen mit der Peitsche und pfeift zärtlich.

Die Kufen rumpeln dumpf, der Schlitten gleitet langsam davon. Und die Glöckchen am Geschirr klingen im Rhythmus des gehenden Pferdes röngeldring, röngelröngeldring.

Wieder ein zärtliches Pfeifen, das Pferd beginnt zu traben, und die Glöckchen singen röngeldidringdring, röngeldidringdring …

Mit der Zeit gewöhnt Andreas sich an die Nacht. Er unterscheidet im Widerschein des Schnees die schattenhaften Vogelbeerbäume, die Schneewehen, die Hecken, die versunkenen Häuser. Wenn er den Kopf zurücklegt und emporblickt, sieht er die Sterne. Der Himmel ist nicht klar, aber an einzelnen Stellen glitzert es wie Diamantenstaub. Anderswo hängen Schleierwolken und lassen nur die hellsten Sterne hindurchschimmern, die sich durch die Brechung des Lichtes wie kleine Monde ausnehmen. Manche haben sogar einen Hof.

„Wie heißt der große Stern da?", fragt Isabel. Sie legt ebenfalls ihren Kopf zurück.

„Das muss Capella sein. Ja, da ist das große Fünfeck des Fuhrmanns. Und rechts darunter steht Aldebaran, der rötliche da. Und der verschwommene ist Sirius. Und die beiden, die sich so nahe sind, heißen Castor und Pollux. Und das ist Prokyon, der tiefere. Oh! Eine Sternschnuppe!" Ein grüner Funke schießt über den Himmel und verschwindet, gerade wie er zerspringt, hinter dem Gewölk.

Nach einer Weile erkundigt Andreas sich bei Isabel, ob sie sich etwas gewünscht habe. Sie sagt, ohne sich zu rühren, gegen den Himmel, sie brauche sich nichts zu wünschen, jetzt nicht.

Seine Hand sucht unter der Decke nach ihrer. Sie nimmt die suchende und drückt sie einen Augenblick an ihre Brust. Er fühlt die atmende Wärme durch den Mantel hindurch.

Weichen Ganges schaukelt der Schlitten über die Wellen des Schnees wie ein Schiff. Und wie ein Schiff giert er auch zuweilen mit einer sanft schleudernden Bewegung nach rechts oder links, wird zurückgeworfen und schmiegt sich wieder in die Fahrtrichtung hinein. Als sie eine Biegung durcheilen, trifft sie der Wind, den sie bislang, da er schräg von hinten kam, nicht gespürt haben, mit kaltem Sausen von der Seite. Sie ducken sich unter das Segeltuch und drängen sich noch enger aneinander. Groß, schwarz und wissend wogt das Pferd vor ihnen dahin. Es kennt den Weg auch in der Finsternis. Steigt die Straße ein wenig an, so fällt es in Schritt; geht die Bahn wieder waagerecht fort, so beginnt es, ohne dass der Bauer zu pfeifen braucht, abermals zu traben.

An einer Biegung schwingt der Schlitten weit aus, als wolle er in den Graben rutschen. Isabel hält sich am Arm von Andreas fest. Es gibt einen Stoß, der Schlitten fängt sich und gleitet weiter.

„Was meinst du?"

„Aldebaran", flüstert Isabel, „Sirius, Prokyon, Capella ... Was für Namen! Wenn mich einmal jemand fragt, wie das Glück heißt, will ich sagen, es hätte viele Namen: Prokyon, Aldebaran …"

„Ich weiß noch einen anderen Namen für das Glück", sagt Andreas. „Den schönsten eigentlich"

„Welchen denn?"

„Er fängt, glaube ich, mit demselben Buchstaben an wie deiner."

Da bewegt Isabel ihre Schultern vor Scham und Geborgenheit und summt, kaum hörbar, vor sich hin. Und aus dem Summen wird ein kleiner Gesang. Sie singt mit ihrer verhaltenen Stimme die Sternennamen zum Himmel empor. Andreas versucht, eine Begleitung dazu zu pfeifen, schwach und verhalten auch er. Die Glöckchen schwingen auf und nieder. Isabel singt, Andreas pfeift und brummt dann und wann ein lang gezogenes Wort in ihre Melodie hinein, einen Namen, immer denselben Namen. Viel Staat kann er mit seiner Stimme nicht machen. Wenn der hohe Gesang ihn nicht führte, wäre er verloren. Aber es macht ihn so froh, dabei zu sein. Ihre Stimmen sind so getreulich beieinander. Isabel singt die Sterne, und er singt Isabels lieben Namen. So fahren sie durch die Winternacht.

Später, als sie eine Zeit lang geschwiegen haben, sagt Isabel, man brauche so wenig, um glücklich zu sein.

Andreas lacht leise: „Ja, ganz wenig nur: einen Schlitten, ein Pferd, einen alten Bauern, ein verschneites Moor, einige Sterne, die Milchstraße und das Weltall."

„Das Wichtigste hast du natürlich vergessen."

„Was ist das Wichtigste?"

„Es fängt mit einem D an."

„Mit einem D? Mit einem D? Dukaten?"

„Dann kommt ein I."

„Di …? Dieb, Ding, Dienst, Diener, Dionysos? Das rate ich nie."

„Ich brauche vor allen Dingen …" Sie neigt ihren Mund gegen sein Ohr und buchstabiert: „D-I-C-H."

Wieder lacht Andreas: „Das ist allerdings sehr wenig." Da beißt sie ihn ins Ohr …

Nun fahren sie unter einem feinen Netz hin, in dem silberne Fischchen blinkern. Es ist das Gezweig der Birken, die rechts und links neben der Straße stehen, es sind die hindurchscheinenden Sterne.

„Was würdest du denn unter »viel« verstehen?", fragt Andreas.

„Wie meinst du das?"

„Du hast gesagt, man brauche so wenig, um glücklich zu sein. Was wäre denn viel?"

„Viel wäre, wenn man zum Beispiel die Tränen oder auch nur einen einzigen Seufzer eines andern Menschen dazu brauchte."

„Hm", macht Andreas. Nach einer Weile sagt er: „Und wie steht es mit deinen eigenen Tränen? Hast du noch nie über mich geweint?"

„Ach", sagt Isabel, „das war früher."

„Vorgestern."

„Ja, früher, irgendwann."

„Hm."

„Man kann es nicht vergleichen", sagt Isabel.

„Was?"

„Meine Tränen und dies, diese Fahrt, dies Glück, unser Glück jetzt. Es hat nichts miteinander zu tun."

„Doch", sagt Andreas. „Das Glück kostet viele Tränen."

Isabel lehnt sich an ihn: „Vielleicht wäre es sonst nicht das Glück."

„Hm."

Mit wiederholtem Pfeifen dämpft der Bauer den Eifer des Pferdes. Dann haben Andreas und Isabel das Gefühl, als drehe sich der Schlitten im Kreise und kippe langsam um. Isabel stößt einen Schrei aus. Aber das Pferd ist nur von der Landstraße in den Seitenweg eingebogen, der nach dem etwas tiefer liegenden Hof des Bauern führt.

Die große Dielentür wird geöffnet. Sie fahren in eine warme Dämmerung hinein. Die Schlittenkufen rauschen auf dem Lehm. Es riecht nach Tieren und säuerlichem Futter. In den Ständen bewegen sich die Kühe. Ein zufriedenes Muhen kommt auf sie zu. Sie sind da.

Manfred Hausmann

Liebeslied im Dezember

Es hat nun all die Stunden
still vor sich hin geschneit.
Die Erde ist verschwunden
in Schnee und Ewigkeit.

Wir gehen über die Wellen
des Hügels und über das Feld.
Kein Ruf, kein Hundebellen ...
Wir sind allein auf der Welt.

Unmerklich schon und leise
verwandelt sich der Tag.
Der Abend auf seine Weise
erhebt sich hinter dem Hag.

Wir wollen nichts mehr sagen,
die Worte sind so laut.
Was wir im Herzen tragen,
ist uns ja alles vertraut.

Und wenn dann so beim Wandern
sich Schulter an Schulter lehnt,
fühlt eines bei dem andern,
wie es sich nach ihm sehnt.

Die Flocken im Fallen sich drehen,
die Dämmerung hüllt uns ein.
Wir wollen ... nur ... so ... hingehen ...
und ganz aneinander sein.

Manfred Hausmann

Lachen

Die tausend kleinen Glücksmomente sind es, die den Glückspegel konstant halten und für gute Laune sorgen, deren hohe Ansteckungsgefahr überall willkommen ist. Gut gelaunte Menschen verbreiten um sich herum ein Klima der Lebensfreude, die die Nöte des Alltags durch Lachen vertreibt. Lachen ist gewissermaßen Glück light. Es macht unbeschwert und lässt die Sorgen vergessen. Lachen entspannt und verbindet, obwohl das individuelle Glück einzigartig ist und entsprechend immer nur je meines sein kann. Daher genießt der Kenner – und schweigt. Er hat nichts mitzuteilen. Aber seine Freude überträgt sich gleichwohl auf die anderen, die sich von ihm mitreißen lassen und ihr eigenes Glückspotenzial aktivieren. Das Lachen ist Indiz für einen Gemütszustand, in dem der Mensch ganz aus sich heraustritt und doch zugleich bei sich selbst ist: Er ist glücklich.

Annemarie Pieper

Glücklich, die über sich selbst lachen können

Glücklich,
die über sich selbst lachen können;
sie werden nie aufhören, sich zu amüsieren.

Glücklich,
die einen Maulwurfshügel von einem Berg
unterscheiden können;
sie werden vielen Schwierigkeiten entgehen.

Glücklich,
die fähig sind, sich auszuruhen und zu schlafen,
ohne sich dafür zu entschuldigen;
sie sind auf dem Weg zur Weisheit.

Glücklich,
die sich darauf verstehen,
zu schweigen und zuzuhören;
wie viel Neues werden sie erfahren.

Glücklich,
die intelligent genug sind,
sich selbst nicht zu ernst zu nehmen;
ihre Umgebung wird sie zu schätzen wissen.

Glücklich,
die Acht darauf haben, was andere brauchen,
und sich dabei nicht für unentbehrlich halten;
sie werden Leute sein, die Freude säen.

Glücklich seid ihr,
wenn ihr versteht,

die kleinen Dinge des Lebens mit Ernst
und die ernsten Dinge mit Gelassenheit zu sehen;
ihr werdet im Leben weit kommen.

Glücklich seid ihr, wenn ihr ein Lächeln
und einen schiefen Blick vergessen könnt;
euer Weg wird voller Sonne sein.

Glücklich seid ihr,
wenn ihr fähig seid, die Haltung des anderen
mit Wohlwollen zu deuten,
auch wenn der Augenschein dagegen spricht;
man wird euch für naiv halten,
aber die Nächstenliebe ist nicht billiger zu haben.

Glücklich,
die denken, bevor sie handeln
und beten, bevor sie denken;
sie vermeiden viele Dummheiten.

Glücklich seid ihr,
wenn ihr versteht zu schweigen
und das Lächeln zu behalten,
selbst wenn man euch ins Wort fällt,
wenn man euch widerspricht,
wenn man euch mit Füßen tritt;
dann hat das Evangelium angefangen,
in euer Herz einzudringen.

Glücklich,
vor allem ihr, die ihr den Herrn zu erkennen
wisst in allen, denen ihr begegnet;
dann habt ihr das wahrhaftige Licht
und die wirkliche Weisheit.

Aus der Kirche der DDR

Ein Wort zum Lachen und Weinen

*F*ür unsereinen sind die Wörter dasselbe, was für den Maler die Farben auf der Palette sind. Es gibt ihrer zahllose, und es entstehen ihrer immer neue, aber die guten, die echten Worte sind weniger zahlreich.

Zu ihnen gehört für mich das Wort Glück. Ich finde, dieses Wort hat trotz seiner Kürze etwas erstaunlich Schweres und Volles, etwas, was an Gold erinnert und es ist ihm außer der Fülle und Vollgewichtigkeit auch der Glanz des Goldes eigen. Wie der Blitz in der Wolke wohnt er in der kurzen Silbe, die so schmelzend und lächelnd mit dem GL beginnt, im Ü so lachend ruht und im CK so entschlossen und knapp endet. Es ist ein Wort zum Lachen und zum Weinen, ein Wort voll Urzauber und Sinnlichkeit. Wie gut, wie glücklich, wie tröstlich, dass es solche Wörter gibt.

Hermann Hesse

Gestern und heute

*E*in reicher Mann ging im Garten seines Palastes spazieren; die Sorge folgte ihm auf den Fersen, und über seinem Kopf flatterte die Unruhe wie Geier über einem Kadaver; so erreichte er einen von Marmorstatuen umgebenen See, der von Menschenhand angelegt worden war. Er setzte sich ans Ufer und betrachtete bald den Wasserstrahl, der aus den Mündern der Statuen hervorsprudelte wie die Gedanken aus der Vorstellung eines Liebhabers – bald blickte er auf sein herrliches Schloss, das auf einem Hügel lag wie ein Muttermal auf der Wange eines Mädchens.

Während er dort saß, leistete ihm die Erinnerung Gesellschaft, und sie breitete vor seinen Augen die Seiten aus, welche die Vergangenheit in den Roman seines Lebens geschrieben hatte.

Seine Tränen verschleierten mehr und mehr den Blick auf das, was der Mensch hier geschaffen hatte, und der Kummer rief in seinem Herzen die Tage zurück, welche die Götter gewebt hatten. Und sein Schmerz floss in seine Worte, als er sagte:

„Gestern hütete ich meine Schafe auf den grünen Hügeln; ich freute mich meines Lebens und brachte mein Glück auf meiner Flöte zum Ausdruck. Heute bin ich ein Gefangener meiner Begierden. Das Geld führte mich zum Wohlstand, der Wohlstand zur Sorge, die Sorge zur Verzweiflung. Gestern war ich wie ein singender Vogel und wie ein schwebender Schmetterling. Keine Brise berührte die Köpfe

95

der Gräser sanfter als meine Schritte das Feld. Nun bin ich ein Gefangener der Gepflogenheiten der Gesellschaft. Ich kleide mich und verhalte mich, um den Menschen und ihren Moden zu gefallen. Und ich wünschte geboren zu sein, um mich meines Lebens zu erfreuen. Doch der Reichtum zwingt mich, auf den Pfaden der Sorge zu gehen. Ich bin wie ein Kamel, das schwer beladen ist mit Gold und unter dieser Last zugrunde geht.

Wo sind die weiten Ebenen und die rauschenden Bäche? Wo sind die reine Luft und die Pracht der Natur? Wo ist meine Göttlichkeit? All dies habe ich verloren. Stattdessen bleibt mir nichts als das Gold, dem ich nachlaufe und das sich über mich lustig macht. Viele Sklaven, wenig Freude und ein Palast, den ich erbaute, während er mein Glück zerstörte.

Gestern begleitete ich die Tochter der Beduinen, und die Unschuld war die Dritte im Bunde. Die Liebe war unsere Vertraute und der Mond unser Wächter. Heute umgeben mich Frauen mit hochaufgerichteten Hälsen, die mit den Augen zwinkern und ihre Schönheit für Halsketten, Ringe und Gürtel verkaufen.

Gestern war ich umgeben von jungen Gespielinnen; wie Gazellen hüpften wir zwischen den Bäumen. Wir erfreuten uns an der Natur und besangen sie. Heute bin ich ein Lamm inmitten von Wölfen.

Auf der Straße richten sich hasserfüllte Blicke auf mich, und neidische Finger zeigen auf mich. Nichts als finstere Gesichter sehe ich und hocherhobene Köpfe.

Gestern war mir das Leben geschenkt und die Schönheit der Natur; heute bin ich dieser Güter beraubt. Gestern war ich reich in meinem Glück, heute bin ich arm trotz meines Reichtums. Gestern war ich bei meinen Schafen ein gütiger Herrscher inmitten seiner Untertanen; heute bin ich dem Geld gegenüber wie ein furchtsamer Sklave vor seinem willkürlichen Herrn.

Ich ahnte nicht, dass das Gold das Auge meiner Seele blenden würde, so dass sie zu einer Grotte der Unwissenheit wird. Und ich wusste nicht, dass das Leben, das die Menschen rühmen, in Wirklichkeit eine Hölle ist."

Der Reiche erhob sich von seinem Platz und schritt langsam auf seinen Palast zu, während er seufzend fortfuhr:

„Ist das Geld der Gott, dessen Priester ich wurde? Ist es das Geld, was wir ein Leben lang suchen und dann nicht eintauschen können gegen ein Körnchen Leben? Wer kann mir für einen Zentner Gold einen schönen Gedanken verkaufen? Wer kann mir für eine Hand voll Schätze aus meinem Tresor einen Augenblick der Liebe geben? Wer vermag mir für all meinen Reichtum ein Auge zu leihen, das die Schönheit sieht?"

Als er sich dem Tor seines Palastes näherte, drehte er sich um und schaute auf die Stadt, wie Jeremias auf Jerusalem geblickt hatte. Er zeigte auf sie mit seiner Hand, und als ob er eine Totenklage anstimmen wollte, rief er mit lauter Stimme:

„O Volk, das im Dunkeln geht und im Schatten des Todes weilt, o Volk, das dem Unglück nachjagt, die Zeit mit Nichtstun verbringt und in Unwissenheit redet, bis wann wirst du Dornen und Disteln essen und die Früchte und Kräuter wegwerfen? Bis wann willst du auf unwegsamen Plätzen wohnen und den Gärten des Lebens den Rücken kehren? Warum trägst du zerschlissene und abgetragene Kleider, wo doch damaszenische Seidengewänder für dich bereitliegen? O Volk, die Lampe der Weisheit ist verloschen. Fülle sie mit Öl auf! Der Wegelagerer droht den Weinberg des Glücks zu zerstören. Bewache ihn gut! Der Räuber hat es auf die Schätze deiner Ruhe abgesehen. Hab Acht auf sie!"

In diesem Augenblick sah er einen armen Mann vor sich, der um ein Almosen bettelte. Der Reiche sah ihn an, seine zitternden Lippen wurden entschlossen, seine traurige Gestalt straffte sich, und seine Augen begannen zu strahlen. Das Gestern, das er am See beklagt hatte, kam heute zu ihm und grüßte ihn. Er näherte sich dem Bettler und umarmte ihn mit brüderlichem Kuss. Dann füllte er seine Hände mit Gold und sagte: „Nimm dies für heute, mein Bruder! Und morgen komm mit deinen Freunden zurück, und holt euch, was euch zusteht!"

Der Arme lächelte wie eine verwelkte Blume bei der Rückkehr des Regens. Dann ging er eilig weg.

Der Reiche betrat sein Palast, indem er sagte: „Alle Dinge des Lebens sind gut – selbst das Geld –, denn sie erteilen dem Menschen eine Lehre. Das Geld ist wie ein Musikinstrument; derjenige, der es nicht zu spielen versteht, hört nichts als Missklänge. Und wie bei der Liebe, so verhält es sich auch mit dem Reichtum: er tötet denjenigen, der ihn für sich behält, doch demjenigen, der ihn weitergibt, schenkt er Leben."

Khalil Gibran

Wirklich glücklich ist nur der Mensch,
der mit sich selbst im Einklang
und im Frieden ist,
der frei und unerschrocken auf sich
und um sich sehen kann.

Matthias Claudius

MEINE IDEE VON GLÜCK? –
UNABHÄNGIG
UND MIT MIR SELBST IM EINKLANG ZU LEBEN.

Thomas Mann

Das Hemd des Glücklichen

*E*in König war krank und sagte: „Die Hälfte des Reiches gebe ich dem, der mich gesund macht."

Da versammelten sich alle Weisen und überlegten, wie man den König gesund machen könne. Doch keiner wusste wie.

Nur einer der Weisen sagte, dass es möglich sei, den Herrscher zu heilen. Er meinte: „Man muss einen glücklichen Menschen ausfindig machen, dem das Hemd ausziehen und es dem König anziehen. Dann wird der König gesund."

Und der König schickte überall hin, dass man in seinem weiten Reich einen glücklichen Menschen suche. Aber die Beauftragten reisten lange im ganzen Reich umher und konnten keinen Glücklichen finden. Nicht einen gab es, der zufrieden war. Wer reich war, war krank; wer gesund war, war arm; wer gesund und reich war, der hatte ein böses Weib, und bei dem und jenem stimmte es mit den Kindern nicht. Über irgendetwas beklagten sich alle.

Aber einmal ging der Sohn des Königs spätabends an einer armseligen Hütte vorbei und hörte jemanden sagen: „Gottlob, zu tun gab es heute wieder genug, satt bin ich auch und lege mich nun schlafen. Was braucht es mehr?"

Der Königssohn freute sich, befahl seinen Dienern, diesem Menschen das Hemd auszuziehen und ihm dafür so viel Geld zu geben, wie er wolle, und das Hemd gleich dem König zu bringen.

Die Diener gingen eilends zu dem glücklichen Menschen hin und wollten ihm das Hemd ausziehen. Aber der Glückliche war so arm, dass er nicht einmal ein Hemd besaß.

Leo N. Tolstoi

WAS IST GLÜCK?
EINE GRIESSSUPPE, EINE SCHLAFSTELLE
UND KEINE KÖRPERLICHEN SCHMERZEN.

Theodor Fontane

Maß halten

Ich werde Ihnen ... die bildliche Vorstellung Homers aufschreiben, die er sich von Glück und Unglück machte, ob ich Ihnen gleich schon einmal davon erzählt habe.

Im Vorhofe des Olymp, erzählt er, stünden zwei große Behältnisse, das eine mit Genuss, das andere mit Entbehrung gefüllt. Wem die Götter, so spricht Homer, aus beiden Fässern mit gleichem Maße messen, der ist der Glücklichste; wem sie ungleich messen, der ist unglücklich, doch am unglücklichsten der, dem sie nur allein aus einem Fasse zumessen.

Also entbehren und genießen, das wäre die Regel des äußeren Glücks, und der Weg, gleich weit entfernt von Reichtum und Armut, von Überfluss und Mangel, von Schimmer und Dunkelheit, die beglückende Mittelstraße, die wir wandern wollen.

Heinrich von Kleist

Die Stille einer Südseenacht

*I*ch lernte die Stille einer tahitischen Nacht kennen. Allein die Schläge meines Herzens waren zu hören. Von meinem Bett aus unterschied ich die gleichmäßig aneinandergereihten Bambusstäbe, durch die die Strahlen des Mondlichts hereindrängten. Ich wurde an ein Musikinstrument erinnert, an die Rohrflöte der Alten, die die Tahitier Vivo nennen. Aber das ist ein Instrument, das den ganzen Tag hindurch schweigt; nur des Nachts, in der Erinnerung und vom Mond geweckt, spielt es uns geliebte alte Melodien. Ich schlief bei dieser Musik ein, zwischen dem Himmel und mir nichts als das hohe, leichte Dach aus Pandanusblättern, in denen die Eidechsen hausten. Ich konnte im Schlaf den Raum über mir offen, konnte das Himmelsgewölbe, die Sterne sehen. Ich war weit, weit fort von den europäischen Häusern, diesen Gefängnissen. Eine Maori-Hütte verbannt den Menschen nicht, schließt ihn nicht ab vom Leben, von der Weite, von der Unendlichkeit ...

Paul Gauguin

Schiffsreise in der Ägäis

*D*ie Sonne geht unter, während wir uns beinahe im Mittelpunkt eines Inselkreises befinden, dessen Farben sich zu verändern beginnen. Das erloschene Gold, das Zyklam, ein Malvengrün, dann werden die Farben dunkler, und über dem noch leuchtenden Meer werden die Blöcke der Inseln dunkelblau. Nun senkt sich eine eigenartige und umfassende Beschwichtigung auf das Meer. Endlich Glück, ein den Tränen nahe stehendes Glück. Denn ich möchte diese unaussprechliche Freude festhalten, an mich drücken, auch wenn ich weiß, dass sie verschwinden muss.

Albert Camus, Tagebuch

Wasser –
unbeschreiblich großes Glück

Wasser, du hast weder Geschmack noch Farbe noch Aroma. Man kann dich nicht beschreiben. Man schmeckt dich, ohne dich zu kennen. Es ist nicht so, dass man dich zum Leben braucht: Du selber bist das Leben! Du durchdringst uns als Labsal, dessen Köstlichkeit keiner unserer Sinne auszudrücken fähig ist. Durch dich kehren uns alle Kräfte zurück, die wir schon verloren gaben. Dank deiner Segnung fließen in uns wieder alle bereits versiegten Quellen der Seele. Du bist der köstlichste Besitz der Erde. Du bist auch der empfindsamste, der rein dem Leib der Erde entquillt. Vor einer Quelle magnesiumhaltigen Wassers kann man verdursten. An einem Salzsee kann man verschmachten. Und trotz zweier Liter Tauwasser kann man zugrunde gehen, wenn sie bestimmte Salze enthalten. Du nimmst nicht jede Mischung an, duldest nicht jede Veränderung. Du bist eine leicht gekränkte Gottheit! Aber du schenkst uns ein unbeschreiblich einfaches und großes Glück.

Antoine de Saint-Exupéry

Brot, Orangen, Schokolade

*T*anguy schlief. Jemand fasste ihn an der Schulter. Er öffnete die Augen und sah Günther vor sich. Sein Freund machte ihm ein Zeichen, er solle schweigen. Dann setzte Günther sich auf sein Bett. Ohne ein Wort zu sagen, packte er ein Päckchen aus, das er in den Händen hielt, und zeigte den Inhalt: Brot, zwei Orangen, eine Tafel Schokolade, zwei Bananen, eine Schachtel Keks, ein großes Stück Torte.

„Ich wollte dir vorher nichts sagen, denn ich war diesmal nicht ganz sicher, ob ich etwas bekommen würde.

Du hättest dann nicht schlafen können und wärst enttäuscht gewesen, wenn ich ohne etwas zurückgekommen wäre ... Wir werden jetzt zwei gleiche Teile machen und sie sofort essen. Mit Ausnahme der Kekse, die ich morgen bei den Latrinen gegen Fleisch eintauschen will. Es gibt nichts Besseres als ein Stück Fleisch, um einem wieder Kraft zu geben. Also, fangen wir an."

Zum ersten Mal in seinem Leben weinte Tanguy vor Hunger. Er schaute auf die Herrlichkeiten, die Günther auf seinem Strohsack ausbreitete, und wagte nicht, sie für wirklich zu halten oder zu berühren. Seit drei Monaten hatte er weder eine Orange noch eine Banane gesehen: schon allein der Anblick dieser Früchte machte ihn fassungslos. Er fragte sich, wie die Orangen wohl schmecken würden. Endlich brachte er ein paar Worte heraus. „Ich kann nicht ...

Das gehört mir nicht … Man hat es dir gegeben …
Ich will nicht …"

„Du willst nicht? Ich leiste einen Eid darauf,
dass du wohl oder übel deine Orange, dein Stück
Brot, deine Banane und das halbe Stück Torte essen
wirst."

Tanguy aß. Er war glücklich beim Essen; so
glücklich, dass er sich nicht vorzustellen vermoch-
te, wie jemand glücklicher sein könnte. Er lächelte
und blickte Günther bewegt an. Seine Hände zit-
terten vor Erregung. Er versuchte, sich zu beherr-
schen und langsam zu essen; aber er konnte es nicht.
Nach links und rechts warf er ängstliche Blicke. Er
sagte sich, sie müssten alles aufgegessen haben, ehe
jemand aufwachte, sonst würden die Deportierten
sich beschweren und behaupten, man habe auf ihre
Kosten Schwarzhandel getrieben. Als alles verzehrt
war, strahlte Tanguy vor Freude. Er schwitzte. Er
fand keine Worte und ließ sich in Günthers Arme
sinken:

„Ich habe dich lieb … (Tanguy wusste nicht, warum er Tränen in den Augen hatte). Ich habe dich
ebenso lieb wie meine Mutter; vielleicht sogar noch
mehr … Ich habe dich lieb."

Auch Günther war froh. Er wischte seine Hände
ab und kletterte auf seinen Strohsack. Tanguy konnte lange nicht einschlafen. Er weinte ganz leise vor
sich hin: aber zum ersten Mal seit seiner Ankunft im
Lager weinte er vor Glück.

Michel del Castillo

Die Apfelsine

*P*revot hatte unter den Trümmern (des in der Wüste abgestürzten Flugzeuges) noch eine Apfelsine entdeckt, und dies unverhoffte Wunder teilten wir uns jetzt. Ich war völlig aus der Fassung, so wenig es für Leute war, die zwanzig Liter Wasser brauchten. Ich ruhte neben dem Lagerfeuer und sah mir die leuchtende Frucht an. Die Menschen wissen nicht, was eine Apfelsine ist! Weiter und weiter flogen die Gedanken: Wir sitzen hier, zum Tode verurteilt, und doch verdirbt mir diese Gewissheit nicht den Genuss. Diese halbe Apfelsine in meiner Hand ist eine der größten Freuden meines Lebens. Ich lege mich auf den Rücken, ich lutsche meine Frucht aus und zähle die Meteore. Für diese Minute bin ich restlos glücklich.

Antoine de Saint-Exupéry

Brief aus dem Gefängnis

*A*us dem Gefängnis: „Sonjuscha, wissen Sie, wo ich bin, wo ich Ihnen diesen Brief schreibe? Ich habe mir ein kleines Tischchen herausgeschleppt und sitze nun versteckt zwischen grünen Sträuchern. Rechts von mir die gelbe Zierjohannisbeere, die nach Gewürznelken duftet, links ein Ligusterstrauch …, und vor mir rauscht langsam mit ihren weißen Blättern die große, ernste und müde Silberpappel … In der Gefängniskirche ist Gottesdienst; Orgelspiel dringt undeutlich heraus, gedeckt vom Rauschen der Bäume und dem hellen Chor der Vögel … Wie ist es schön, wie bin ich glücklich, man spürt schon beinahe die Johannisstimmung – die volle, üppige Reife des Sommers und den Lebensrausch."

Rosa Luxemburg

NUR, WER NICHT IN DER ZEIT,
SONDERN IN DER GEGENWART LEBT,
IST GLÜCKLICH.

Ludwig Wittgenstein

Er war da

Im vergangenen Jahr, an einem Montagmorgen, tauchte Jesus plötzlich in Frankfurt auf. Er trug einer alten Frau die schwere Einkaufstasche heim.

Er half einer Türkin, die nicht Deutsch konnte, am Postschalter.

Er schob einen querschnittgelähmten Mann zwei Stunden lang durch den Palmengarten. Dessen Frau hatte weder Zeit noch Lust gehabt, ihm diesen Wunsch zu erfüllen, obwohl er sich das schon seit Jahren gewünscht hatte.

Er spielte mit einem kleinen Mädchen Ball, das geistig behindert war. Es konnte noch nicht einmal den Ball auffangen.

Er besuchte eine krebskranke Frau im Krankenhaus. Dort lag sie schon ein halbes Jahr, und noch nie hatte sie Besuch bekommen.

Er nahm im Hallenschwimmbad einen ängstlichen Jungen, den die anderen auslachten, an der Hand und sprang mit ihm vom Dreimeterbrett.

Die ganze Nacht schlief er neben einem besoffenen Landstreicher auf einer Parkbank. Er kuschelte sich eng an ihn, damit der Alte nicht fror.

Am nächsten Morgen war Jesus wieder verschwunden. Nicht einmal die Reporter der Bildzeitung hatten gemerkt, dass er dagewesen war. Aber die alte Frau, die Türkin, der Querschnittgelähmte, der Junge, die Kranke und der Landstreicher erzählten allen, denen sie begegneten: „Gestern war ein schöner Tag. Ich bin einem so guten Menschen begegnet."

Nur das geistig behinderte Kind sagte nichts. Es konnte ja nicht sprechen. Aber es lachte, warf den Ball in die Höhe und fing ihn wieder auf.

Gudrun Pausewang

LASS NICHT ZU, DASS DU JEMANDEM BEGEGNEST, DER NICHT NACH DER BEGEGNUNG MIT DIR GLÜCKLICHER GEWORDEN IST.

Mutter Teresa

Jesus –
der glücklichste Mensch

$\mathcal{I}$ch halte Jesus von Nazaret für den glücklichsten Menschen, der je gelebt hat. Ich denke, dass die Kraft seiner Fantasie aus dem Glück heraus verstanden werden muss. Alle Fantasie ist ins Gelingen verliebt, sie lässt sich etwas einfallen und sprengt immer wieder die Grenzen und befreit die Menschen, die sich unter diesen Grenzen in Opfer und Entsagung, in Repression und Rache ducken und sie so ewig verlängern. Jesus erscheint in der Schilderung der Evangelien als ein Mensch, der seine Umgebung mit Glück ansteckte, der seine Kraft weitergab, der verschenkte, was er hatte.

Das konventionelle Bild von Jesus hat immer seinen Gehorsam und seinen Opfersinn in den Vordergrund gestellt. Aber Fantasie, die aus Glück geboren wird, scheint mir eine genauere Beschreibung seines Lebens. Sogar sein Tod wäre missdeutet als das tragische Scheitern eines Glücklosen, er wäre zu kurz verstanden, wenn nicht die Möglichkeit der Auferstehung in Jesus selber festgehalten würde! Auferstehung als die weitergehende Wahrheit der Sache Jesu ist aber im Tode dieses Menschen gegenwärtig; er hat den Satz »ich bin das Leben« auch im Sterben nicht zurückgenommen …

Von Christus ist zu lernen: Je glücklicher einer ist, umso leichter kann er loslassen. Seine Hände krampfen sich nicht um das ihm zugefallene Stück

Leben. Da er die ganze Seligkeit sein nennt, ist er nicht aufs Festhalten erpicht. Seine Hände können sich öffnen.

Dorothee Sölle

DAS GLÜCK ENTSTEHT NUR
DURCH VERMEHRUNG DER LIEBE.

Leo N. Tolstoi

Die glücklichen Kinder Gottes

*A*ls Jesus die Volksmenge sah, ging er auf einen Berg und setzte sich, und seine Freunde, die wir ›Jünger‹ nennen, traten zu ihm. Und er redete zu ihnen über den Weg zum wirklichen Leben.

Glücklich – mehr noch: selig sind,
die arm sind vor Gott und sich nicht einbilden,
selbst stark genug zu sein, ohne Ihn.

Glücklich, die Gottes Barmherzigkeit brauchen
und alles von seiner Liebe erwarten,
denn Gott liebt sie und macht sie reich
und tut ihnen zu seinem Reich die Tür auf.

Glücklich, die Leid tragen,
denn Gott wird sie trösten.

Glücklich, die behutsam und freundlich sind,
denn diese Erde wird ihnen gehören.

Glücklich, die nach Gerechtigkeit
hungern und dürsten,
denn Gott wird sie satt machen.

Glücklich zu preisen die Barmherzigen,
denn Gott wird ihnen barmherzig sein.

Glücklich die Menschen,
denen Gott ein reines Herz gibt,
denn sie werden ihn schauen.

Glücklich, die Frieden machen, wo Streit ist,
denn sie sind die Kinder Gottes.

Glücklich zu nennen, die verfolgt werden,
weil sie die Gerechtigkeit lieben
und weil Gottes Wille ihnen wichtig ist,
denn Gottes Welt steht ihnen offen.

Glücklich seid ihr,
wenn man euch verleumdet und verfolgt,
weil ihr zu mir gehört.

Glücklich seid ihr,
wenn man euch Böses nachsagt und dabei lügt.
Freut euch und seid unbekümmert,
denn Gott legt euch einen reichen Lohn bereit.

Glücklich seid ihr,
denn es geschieht euch nur,
was vorher den Dienern und Kindern Gottes,
den Propheten, geschehen ist.

Matthäus 5,1–12, übertragen von Jörg Zink

ER WILL, DASS ICH MICH FÜGE.
ICH GEHE NICHT ZURÜCK.
HAB NUR IN IHM GENÜGE,
IN SEINEM WORT MEIN GLÜCK.

Jochen Klepper

Das wahre Glück

Ich möchte, dass möglichst viele Menschen
Gott kennen, ihn lieben, ihm dienen lernen,
denn das ist wahres Glück:
Und was ich habe, das möchte ich,
soll alle Welt haben.
Aber es liegt an den Menschen.
Wenn sie das Licht sehen,
können sie ihm folgen.
Wenn sie einmal denken,
werden sie zur Erkenntnis kommen;
und wenn sie erkennen,
werden sie lieben wollen;
und wenn sie lieben,
werden sie dienen wollen.
So finden sie das Glück.

Mutter Teresa

DU BIST MEIN HERR.
MEIN GLÜCK FINDE ICH ALLEIN BEI DIR.

Psalm 16,2

Ein Tag wird kommen

Ein Tag wird kommen, an dem die Menschen schwarzgoldene Augen haben, sie werden die Schönheit sehen, sie werden vom Schmutz befreit sein und von jeder Last, sie werden sich in die Lüfte heben, sie werden unter die Wasser gehen, sie werden ihre Schwielen und ihre Nöte vergessen. Ein Tag wird kommen, sie werden frei sein, es werden alle Menschen frei sein, auch von der Freiheit, die sie gemeint haben. Es wird eine größere Freiheit sein, sie wird über die Maßen sein, sie wird für ihr ganzes Leben sein …

Ingeborg Bachmann

Der Vogel Glück

*E*ines Tages ritt ein König aus, um alle seine Sorgen zu vergessen. Er ritt weit in den Wald hinein. Plötzlich flatterte ein grauer Vogel vor ihm her und ließ sich auf einer Fichte nieder. Der König betrachtete den Vogel und sah, dass sich sein Gefieder zu färben begann.

Bald schimmerte es in allen Farben des Regenbogens. Noch mehr wunderte sich der König, als der Vogel zu sprechen anfing.

„Man nennt mich das Glück", sagte er.

„Glück?", staunte der König und streckte unwillkürlich die Hand nach ihm aus. „Komm auf meine Burg. Du sollst bei mir in einem goldenen Käfig wohnen!"

Aber der Vogel rief: „Mir gefällt es nicht überall!", und flog davon.

Immer tiefer verlor sich der König im Wald, bis er zu einer Lichtung kam. Dort stand ein einfaches Holzhaus. Der König ging darauf zu und trat ein. Ein alter Mann und ein altes Mütterchen saßen auf einer Ofenbank. Sie begrüßten den Fremden freundlich und luden ihn ein zu bleiben. Da entdeckte der König einen hölzernen Käfig, dessen Tür offen stand. Darin saß der Vogel Glück, und sein Gefieder leuchtete wie der Regenbogen.

„Hier also gefällt es dir? In solcher Armut?", staunte der König und dachte an seine Burg, an all die Pracht und den Reichtum.

Der Alte merkte, dass sein Gast traurig war. Er nahm die Geige aus dem Schrank und forderte den Fremden auf, mit seiner Frau ein wenig zu tanzen. Die Saiten jauchzten so fröhlich, dass der König nicht widerstehen konnte. Den ganzen Abend lang strahlte der Vogel in allen Regenbogenfarben, und der König vergaß endlich seine Sorgen.

Am anderen Morgen bedankte er sich bei den beiden Alten und fragte, ob sie ihm den Vogel verkaufen würden.

„Verkaufen können wir ihn nicht", sagte der Alte. „Aber wenn er Euch so viel Freude macht, sollt Ihr ihn zum Geschenk haben. Sagt mir, wo Ihr wohnt, und ich bringe ihn morgen zu Euch."

„Hab Dank, Väterchen", sagte der König. „Du weißt nicht, wie mich das glücklich macht. Ja, komm morgen. Ich wohne auf der königlichen Burg."

Am nächsten Tag machte sich der Alte frühmorgens mit dem Vogel auf den Weg zur Stadt. Als er zur Burg des Königs kam, wurde er sogleich vorgelassen. Erst jetzt begriff der Alte, wer sein Gast gewesen war. Aber der König lächelte ihm freundlich zu.

Er nahm den Vogel und setzte ihn in einen goldenen Käfig. Dann ließ er seine Musikanten aufspielen und hatte keine Ruhe, bis der Alte mit der Königin getanzt hatte. Alle waren lustig und frohgemut, und der Vogel schimmerte in allen Farben des Regenbogens.

Der Alte ging wieder nach Hause und erzählte dem Mütterchen alles. Aber plötzlich vernahmen sie Pferdegetrappel. Zwei königliche Boten hielten vor der Hütte und fragten, ob der Vogel nicht wieder zurückgekehrt sei. Da ging der Alte in die Stube

– und siehe: Der Vogel saß ganz still auf dem Nagel, an dem der Käfig gehangen hatte.

„Sagt dem König, ich werde ihm morgen den Vogel zurückbringen", sagte der Alte und setzte sich nachdenklich wieder zu seiner Frau.

Am Morgen machte er sich erneut auf den Weg zum König. Da sie keinen Käfig mehr hatten, setzte das Mütterchen den Vogel in ein Sieb und band ein Tüchlein darüber, und der Alte schritt tüchtig aus. Er wurde empfangen wie vordem und reich bewirtet. Doch diesmal setzte der König den Vogel in den alten Holzkäfig und ließ den goldenen Käfig wegschaffen. Der Vogel jedoch leuchtete nicht in den Farben des Regenbogens, und als der König wieder die Musikanten aufspielen ließ, mochte der Alte nicht mehr tanzen. Beide schauten auf den Vogel und hingen ihren Gedanken nach.

Anderntags, kaum dass der Alte auf halbem Weg nach Hause war, hörte er den Hufschlag eiliger Pferde hinter sich. Der König kam mit seinem Gefolge und bat den Alten, den Vogel zum dritten Mal auf die Burg zu bringen. Da erst merkte der Alte, dass der Vogel auf seinem Hut saß.

„Väterchen", bat der König, „du musst mit deiner Frau zu mir kommen und bei mir wohnen."

Der Alte war betroffen. „Ihr werdet mich doch wegen des Vogels nicht ins Unglück stürzen wollen! Lasst uns leben und arbeiten, wie wir es von jeher gewohnt sind."

Da nahm der König den Vogel und betrachtete ihn traurig. Und plötzlich schien es ihm, als sage der Vogel leise: „Nichts hast du begriffen, König, und nichts willst du begreifen!"

„Du hast Recht", flüsterte der König beschämt und öffnete die Hand, und der Vogel flog davon. Sein Gefieder schimmerte wieder so bunt wie ein Regenbogen.

Man sagt, der wundersame Vogel Glück fliege noch heute durch die Welt. Er setzt sich ein Weilchen hierhin, dorthin ... Aber es gefällt ihm nicht überall.

Kurt Baumann

GLÜCK UND GLAS, WIE LEICHT BRICHT DAS.

Sprichwort

Halte das Glück wie den Vogel:
so leise und lose wie möglich.
Dünkt er sich selber nur frei,
bleibt er dir gern in der Hand.

Friedrich Hebbel

Lerchen

Es gibt noch Lerchen
die nicht verlernt haben
zu singen

Laß uns emporschweben
und ihnen lauschen

welches Glück
singen zu können
wie sie

Rose Ausländer

Desiderata –
Was dir zu wünschen ist

Gehe ruhig und gelassen durch Lärm und Hast und sei des Friedens eingedenk, den die Stille bergen kann. Stehe, soweit ohne Selbstaufgabe möglich, in freundlicher Beziehung zu allen Menschen. Äußere deine Wahrheit ruhig und klar und höre anderen zu, auch den Geistlosen und Unwissenden; auch sie haben ihre Geschichte.

Meide laute und aggressive Menschen, sie sind eine Qual für den Geist. Wenn du dich mit anderen vergleichst, könntest du bitter werden und dir nichtig vorkommen; denn immer wird es jemanden geben, größer oder geringer als du.

Freue dich deiner eigenen Leistungen wie auch deiner Pläne. Bleibe weiter an deiner eigenen Laufbahn interessiert, wie bescheiden auch immer. Sie ist ein echter Besitz im wechselnden Glück der Zeiten. In deinen geschäftlichen Angelegenheiten lass Vorsicht walten; denn die Welt ist voller Betrug. Aber dies soll dich nicht blind machen gegen gleichermaßen vorhandene Rechtschaffenheit. Viele Menschen ringen um hohe Ideale; und überall ist das Leben voller Heldentum.

Sei du selbst, vor allen Dingen heuchle keine Zuneigung. Noch sei zynisch was die Liebe betrifft; denn auch im Angesicht aller Dürre und Enttäuschung ist sie doch immerwährend wie das Gras.

Ertrage freundlich-gelassen den Ratschluss der Jahre, gib die Dinge der Jugend mit Grazie auf. Stärke die Kraft des Geistes, damit sie dich in plötzlich hereinbrechendem Unglück schütze. Aber beunruhige dich nicht mit Einbildungen. Viele Befürchtungen sind Folge von Erschöpfung und Einsamkeit. Bei einem heilsamen Maß an Selbstdisziplin sei gut zu dir selbst.

Du bist ein Kind des Universums, nicht weniger als die Bäume und die Sterne; du hast ein Recht hier zu sein. Und ob es dir nun bewusst ist oder nicht: Zweifellos entfaltet sich das Universum wie vorgesehen.

Darum lebe in Frieden mit Gott, was für eine Vorstellung du auch von ihm hast und was immer dein Mühen und Sehnen ist. In der lärmenden Wirrnis des Lebens erhalte dir den Frieden mit deiner Seele.

Trotz all ihrem Schein, der Plackerei und den zerbrochenen Träumen ist diese Welt doch wunderschön. Sei vorsichtig. Strebe danach, glücklich zu sein.

Aus der alten St. Paul's Kirche in Baltimore 1692

Das Glück ist kein Flugzeug,
hat keinen Fahrplan,
keinen Lufthafen.
Ein großer Vogel,
der einen kleinen
auf seine Fittiche nimmt.
Irgendwo.

Hilde Domin

Weißt du es noch?

Weißt du es noch, wie wir in jungen Jahren
mitsammen sind auf diesem Meer gefahren?
Gesichte kamen, groß und wunderlich,
wir schauten miteinander, du und ich.
Wie fügte sich im Herzen Bild zu Bildern!
Wie stieg ein gegenseitig reges Schildern
draus auf und lebte zwischen dir und mir!
Wir waren dort und waren doch ganz hier
und ganz beisammen, streifend und gegründet.
So ward die Stimme wach, die seither kündet
und alte Herrlichkeit bezeugt als neu,
sich selbst und dir und dem Mitsammen treu.

Nimm denn auch dieses Zeugnis in die Hände,
es ist ein Ende und hat doch kein Ende,
dein Ewiges hört ihm und hört uns zu,
wie wir aus ihm ertönen, ich und du.

Martin Buber

Dieses Gedicht schrieb Martin Buber seiner Frau Paula 1949
in ihr Exemplar der ›Erzählungen der Chassidim‹.

WER EINE GUTE FRAU HAT,
IST EIN GLÜCKLICHER MANN.

Sirach 26,1

Philemon und Baucis

Wenn ihr auf einer Anhöhe zwei einsam stehende Bäume seht, die einander umarmen, so stört sie nicht in ihrem Glück. Vielleicht wachsen sie dort durch den Willen eines Gottes, so wie die Linde und die Eiche auf einem Hügel in Phrygien.

Einst besuchte der Göttervater Zeus dieses Land. Er wanderte in menschlicher Gestalt durch die Welt, und sein Sohn Hermes begleitete ihn. Eines Tages erreichten sie, von den Strapazen des Weges staubig und erschöpft, eine reiche Ortschaft. Aber vergebens fragten sie nach einem Nachtlager, überall fanden sie verschlossene Türen. Nur in einem Häuschen am Rand der Gemeinde wurden sie freundlich empfangen. Es war zwar klein und nur mit Stroh gedeckt, aber die Gastfreundlichkeit seiner Bewohner machte die Armut wett. In diesem Häuschen lebten lange Jahre in Liebe und Eintracht der alte Philemon und seine Frau Baucis. Sie waren so arm wie ihre Wohnstatt, sie waren Herr und Diener zugleich.

Als die Wanderer die niedrige Hütte betraten, bat sie Philemon, Platz zu nehmen, und Baucis tischte auf. Sie schürte im Kamin das fast erloschene Feuer, stellte einen Kessel mit Wasser auf, kochte ein Stück Geräuchertes und reichte den Gästen Salat und Radieschen dazu, sowie Käse und Eier. Philemon brachte einen guten Tropfen herbei. Und als Nachspeise erhielten die Gäste eine Honigwabe, Feigen und Datteln. Das war alles, was die Alten geben konnten, und es war reichlich, denn es kam von Herzen.

Die Alten wussten nicht, wer ihre Gäste waren, aber bald erkannten sie es. Wenn Philemon nachgießen wollte, füllte sich der Krug durch den Willen der Götter immer aufs Neue mit Wein.

Philemon und Baucis erkannten, dass sie von Göttern besucht wurden. Sie rangen die Hände und baten demütig, ihnen das bescheidene Essen zu verzeihen.

Um ihre Schuld zu tilgen, liefen sie in den Hof hinaus und begannen ihre einzige Gans zu jagen. Aber die beiden hatten einen schwachen Atem, und die Gans hatte schnelle Flügel. Sie entkam und begab sich unter den Schutz der Gäste, die sie verschonten.

„Wir sind Götter", sprachen sie zu den Alten, „und für eure ungastlichen Nachbarn wird die Strafe nicht ausbleiben. Verlasst eure Hütte und geht mit uns auf jene Anhöhe."

Philemon und Baucis eilten, sich auf ihre Stöcke stützend, den Göttern hinterdrein. Als sie am Fuß der Anhöhe zurückschauten, sahen sie die Ortschaft im Wasser versinken. Nur ihre Hütte hatte keinen Schaden genommen. Vor ihren Augen verwandelte sie sich in einen Tempel.

Der Göttervater wandte sich an die beiden Alten und sprach freundlich zu ihnen: „Eure Güte soll belohnt werden. Sagt euren Wunsch; er wird in Erfüllung gehen."

Philemon und Baucis berieten sich ein Weilchen, dann sagten sie: „Wir möchten die Wächter des Tempels werden. Und wenn unsere Zeit abgelaufen ist, möchten wir zusammen sterben, so wie wir bis jetzt gemeinsam gelebt haben."

Die Götter erfüllten ihnen die Bitte. Solange sie lebten, waren sie die Wächter des Tempels. Und als ihre Stunde kam, sah Philemon plötzlich, wie sich Baucis in grüne Blätter einhüllte. Und Baucis erblickte Philemon von grünen Blättern umgeben. „Leb wohl, liebe Frau!" – „Leb wohl, lieber Mann!", sprachen sie leise, bevor ihre Stimmen in den Baumkronen verstummten.

Seitdem stehen auf dieser Anhöhe eng beieinander eine Eiche und eine Linde.

Märchen der griechischen Antike

WIR FINDEN ES SCHÖN,
MITEINANDER ALT ZU WERDEN.
ES LIEGT EIN BESONDERES GLÜCK DARIN.
MAN LEBT GELASSENER ALS IN JUNGEN JAHREN.
MAN GEHT LANGSAMER,
WENN DIE TREPPEN HOCH UND DIE BERGE STEIL SIND.
ABER DIE LIEBE WIRD NICHT GERINGER.

Jörg Zink

Warten können

Alles fügt sich und erfüllt sich,
musst es nur erwarten können
und dem Werden deines Glückes
Jahr und Felder reichlich gönnen.

Bis du eines Tages jenen
reifen Duft der Körner spürst
und dich aufmachst und die Ernte
in die tiefen Speicher führst.

Christian Morgenstern

Du hast mir ein großes Glück gewährt

So hängt mit allen Fäden mein Herz an dir, dass jedes Ding, welches dich angenehm oder unangenehm berührt, an diesen Fäden zu mir fortläuft und die gleiche Empfindung in mir erregt ...

Lache nicht über den Schwärmer; der ist kein rechter Mann und Gatte, der nicht für das Herz seiner Gattin schwärmt. Und wenn sie ein so liebes, treues Herz hat wie du, so hängt man ja mit ganzer Seele daran, und dieses Herz ist mein Kleinod auf dieser Welt, und wenn auch durch Krankheit und dergleichen Unruhe und Besorgnis entsteht, so ist das Glück der aufrichtigen, liebenden Vereinigung so groß, dass es durch nichts zu teuer erkauft wird. Und wenn mich heute Gott zu sich abruft, so sage ich: Herr, ich danke dir, du hast mir ein großes Glück auf dieser Erde gewährt.

Freilich, wenn Gott ganz besonders gütig gegen uns sein wollte, so ließe er uns noch eine Zeit, in der nicht zu viele Sorgen wären, beisammen; durch das Ungemach sind wir noch näher aneinander gebunden, und das zukünftige Glück wäre noch größer als das vergangene. Merkwürdig ist es, dass Alter und Jahre hier keinen Abbruch tun ...

Ich liebe dich jetzt weit, weit mehr, als da du ein zweiundzwanzigjähriges, blühendes, unbeschreiblich schönes Mädchen warst, und du liebst mich alten Mann mit all seinen Wunderlichkeiten und Grillen mehr als den jungen, kräftigen, gleichsam Himmel und Erde stürmenden. Und diese Liebe wird nicht geringer werden, sondern wachsen, und im Hochalter, wenn uns eines beschieden ist, werden wir völlig eins in dem andern und gleich sein.

Adalbert Stifter

GLÜCKLICH DER MANN,
DER DIE STIMME SEINER FRAU IMMER HÖREN KANN,
BIS IHR SCHWARZES HAAR WEISS GEWORDEN IST.

Japanische Weisheit

Kein Begehren

Solang du nach dem Glücke jagst,
bist du nicht reif zum Glücklichsein,
und wäre alles Liebste dein.

Solang du um Verlornes klagst
und Ziele hast und rastlos bist,
weißt du noch nicht, was Friede ist.

Erst wenn du jedem Wunsch entsagst,
nicht Ziel mehr noch Begehren kennst,
das Glück nicht mehr mit Namen nennst,

dann reicht dir des Geschehens Flut
nicht mehr ans Herz,
und deine Seele ruht.

Hermann Hesse

ÜBER LAND UND MEER
JAGEN WIR DEM GLÜCK NACH.
ABER ES RUHT IM GLEICHGEWICHT DER SEELE.

Horaz

Der Tod
als Schlüssel zur Glückseligkeit

*D*a der Tod der wahre Endzweck unsres Lebens ist, so habe ich mich seit ein paar Jahren mit diesem wahren, besten Freunde des Menschen so bekannt gemacht, dass sein Bild nicht allein nichts Schreckendes mehr für mich hat, sondern recht viel Beruhigendes und Tröstendes! Und ich danke meinem Gott, dass er mir das Glück gegönnt hat, mir die Gelegenheit zu verschaffen, ihn als den Schlüssel zu unserer wahren Glückseligkeit kennen zu lernen.

Ich lege mich nie zu Bette, ohne zu bedenken, dass ich vielleicht (so jung als ich bin) den andern Tag nicht mehr sein werde – und es wird doch kein Mensch von allen, die mich kennen, sagen können, dass ich im Umgang mürrisch oder traurig wäre – und für diese Glückseligkeit danke ich alle Tage meinem Schöpfer und wünsche sie von Herzen jedem meiner Mitmenschen.

Wolfgang Amadeus Mozart

DAS GLÜCK GEHÖRT DENEN,
DIE SICH SELBER GENÜGEN.

Demokrit

135

Nachwort

Glück – die unendlich reichen Aspekte des Wortes, des Begriffes, wer will sie ausschöpfen? Kaum ein Mensch im Alltag, kaum ein Dichter oder Denker, der das Wort nicht im Munde führt, ein Wort, das, schnell auf der Zunge, tief im Unbewussten verankert ist.

Glück – „ein Wort zum Lachen und Weinen, ein Wort voll Urzauber und Sinnlichkeit" (Hermann Hesse), ein Wort, das in der deutschen Sprache erst relativ spät – seit 1160 – bezeugt ist.

Glück – das, was den Menschen seit eh und je tief bewegt, das, was er bei dem einen kostbaren Leben, das er hat, auf diesem Erdball wieder und wieder anstrebt. Jeder möchte glücklich werden. Jeder möchte, dass das Glück ihm hold ist.

Was aber gibt es alles in Verbindung mit diesem Wort: Es gibt den Glücksklee und die Glücksfee, den Glücksritter und den Glückspilz; es gibt den Glückstag und die glückliche Stunde. Es gibt das Spielerglück, das zu Glückssträhnen, gar zu einer Glücksserie führt. Wohlfeil wird das Glück angeboten – in Amuletten als Glücksbringern, im Glück, das die Sterne verheißen, im Glück, das die Werbung anpreist, im Lotto- oder Totogewinn.

Wenn wir ‚Glück' definieren wollen, müssen wir unterscheiden zwischen dem Glück, das einer hat, in seinen Unternehmungen etwa, und dem Glück, das einer empfindet. Der Zustand des empfundenen Glücks kann bei diesem Menschen eine Grundstimmung des Lebens sein, bei jenem ein Glücksmoment, ein Augenblick nur, der vielleicht als unvergessliche Erinnerung bleibt.

Thema dieses Buches ist das Glück als „Gegenwart, als Leichtigkeit eines traumhaft Unwirklichen" (Max Frisch). Glück als Gelingen hebt sich davon ab. „Jeder ist seines Glückes Schmied" mag eine gewisse Berechtigung haben. Doch bleibt das eigentliche Glück immer nur Geschenk. „Glück", so formuliert es Hermann Hesse, ist „der Zustand des still lächelnden Einsseins mit der Welt. Etwas, das die Seele entzückt. Etwas Leichtes, Heiteres."

Und das Unglück?

„Ihm fehlte nur ein Quäntchen Glück" – „Er rennt in sein Unglück" – „Er ist vom Glück verlassen", hören wir sagen. „Wie eine Wolke zog mein Glück vorbei", klagt der alttestamentliche Dulder Hiob. Indes: Ein Dasein ohne Unglück wäre so armselig wie ein Dasein ohne Glück. „Jedem Glück ist ein Teil Unglück beigemischt. Glück und Unglück sind wie Zwillinge", lehrt uns Friedrich Nietzsche.

Viele sind mit dem kleinen Glück, dem des Augenblicks, dem des Alltags, schon zufrieden. Doch gibt es das Glück auch über größere Zeitspannen des Lebens hinweg: „Er hatte eine glückliche Kindheit." – „Sie führten eine glückliche Ehe." Dergleichen gibt es. Glückszeiten für die ganze Menschheit, ‚goldene Zeitalter', sind indes immer Utopie geblieben.

Glücklichsein hat etwas Befreiendes. „Je glücklicher einer ist, desto leichter kann er loslassen" (Dorothee Sölle). Wer glücklich ist, kann glücklich machen. In dem Wort ‚Geben bringt Glück‘ liegt tiefe Wahrheit. Bei Jörg Zink liest sich das so: „Wo Glück ist, sind heilende Kräfte."

Glück gibt es in allen Lebensphasen, vom unbewussten Glücklichsein des Säuglings, das sich in einem ersten Lächeln, in glucksenden Glückslauten äußert, bis hin zum Altersglück, das für den römischen Dichter Horaz von süßem Lautenton umheitert war. Liebende, zumeist in der Mitte des Lebens, verhelfen einander zu immer neuem und höherem Glück. Ihnen schlägt keine Stunde. Die Zeitdimension ist für sie aufgehoben.

Und dann das Glück, Arbeit zu haben, heute ein hohes Gut. „Die einzige dauerhafte Form irdischer Glückseligkeit", so meint Carl Zuckmayer, „liegt im Bewusstsein der Produktivität."

Und dann das unbeschreibliche Glück in der Empfindung von Musik. Schon das Hören oder Summen eines einfachen Liedes kann beglücken. „Wer singt, verscheucht sein Unglück", lautet ein spanisches Sprichwort. Sein Leben der Musik widmen können, welch ein Glück!

Und dann das Glück im Geringen. Hermann Hesse setzt auf das ‚Sichbescheiden‘, das ‚Entsagen‘. Das einfache Leben von Hirten, Hippies, Mönchen und Lebenskünstlern, immer wieder gepriesen, dürfte viele Glücksmomente enthalten.

Im Alten Testament ist Glück oft mit Segen verbunden. Von Josef wird erzählt, dass Gottes Segen mit ihm war, so dass ihm im Hause Potifars alles glückte. Das Hohe Lied feiert das erotische Glück. Die Weisheitsliteratur des späten Judentums sieht einen Zusammenhang zwischen Gottvertrauen, Weisheit und Glück. Das mag wohl zutreffen.

Im Neuen Testament ist es Jesus, der in seinen Glücklichpreisungen bei Matthäus den Verfolgten und Leidenden, den Barmherzigen und Friedliebenden Freude und Glück bei Gott verheißt, der „in seinen Gleichnissen als Bildern des Glücks vom Heil spricht und in seinen Wundern die Bedingungen menschlichen Glücks herstellt" (Gerd Theißen).

Glück überall? – Wohl nicht. Aber wir suchen, wir preisen ihn, den glücklichen Menschen. Denn: „Ein glücklicher Mensch ist schöner. Er ist freundlicher, gütiger. Er ist einverstanden mit sich und seinem Geschick. Es geht mehr Friede von ihm aus und mehr Weisheit. Es ist wichtig, dass wir glücklich sind" (Jörg Zink).

Viele Geschichten, Gedichte, Betrachtungen und Sentenzen zum Glück versammelt dieses Buch. Ganz einfache, einprägsame Texte stehen neben anspruchsvollen. Sie wenden sich an Leserinnen und Leser aller Altersstufen, sich daran zu erfreuen. Mögen sie ihnen gut tun!

Dietrich Steinwede

Quellenverzeichnis

Aitmatow, Tschingis Das alles war das Glück, S. 66, aus: „Novellen, Erzählungen", Verlag Volk und Welt, Berlin, 1984
Andersen, Hans Christian Wer war die Glücklichste?, S. 57, aus: ders. „Sämtliche Märchen und Geschichten" (2 Bände), hrsg. von Leopold Magon; aus dem Dänischen von Eva-Maria Blühm, © Sammlung Dieterichsche Verlagsgesellschaft mbH, Berlin, 1953, 1992
Ausländer, Rose Die Bäume, S. 82; Lerchen, S. 123, aus: dies. „Jeder Tropfen ein Tag", Gedichte aus dem Nachlaß, © S.Fischer Verlag GmbH, Frankfurt am Main, 1990
Bachmann, Ingeborg Ein Tag wird kommen, S. 117, aus: Werke Bd. 3, Hrsg. von Christine Koschel u.a., © Piper Verlag GmbH & Co, München, 1978
Baumann, Kurt Der Vogel Glück, S. 118, aus: Libuse Paleckova u. Josef Palacek (Hrsg.), „Mir gefällt es nicht überall", © Nord-Süd Verlag, Mönchaltorf, Schweiz
Bill, Josef Die Rose, S. 63
Brecht, Bertolt Höchstes Glück, S. 64, aus: ders. „Gesammelte Werke", Band 10, © Suhrkamp Verlag, Frankfurt a. Main, 1967
Buber, Martin Weißt du es noch?, S. 127, aus: Grete Schrader, „Hebräischer Humanismus", Verlag Vandenhoeck und Ruprecht, Göttingen, 1966
Busta, Christine Ein Stundengebet, S. 65, aus: „Wenn du das Wappen der Liebe malst", © Otto Müller Verlag, Salzburg, 1995, 3. Auflage
Camus, Albert Schiffsreise in der Ägäis, S. 104, aus: ders. „Tagebuch März 1951 – Dezember 1959" (Auszug), deutsche Übersetzung von Guido G. Meister, © 1991 by Rowohlt Verlag GmbH, Reinbek bei Hamburg
Coolen, Anton Das Haus des Glücks, S. 71 (gekürzt), aus: „Niederländische Meister der Erzählungen", Walter Dorn (Hrsg.), Verlag Bremen (vergriffen)
de Saint-Exupéry, Antoine Wasser – unbeschreiblich großes Glück, S. 105, Die Apfelsine, S. 108, aus: ders. „Wind, Sand und Sterne", © 1939 und 1999 Karl Rauch Verlag, Düsseldorf
del Castillo, Michel Brot, Orangen, Schokolade, S. 106, aus: Tanguy. Elegie der Nacht. Roman © by Arche Verlag AG,

Zürich-Hamburg

Domin, Hilde Das Glück ist kein Flugzeug, S. 126, Auszug aus: „Nachmittag am Guadalquivir", in: dies. „Gesammelte Gedichte", © S.Fischer Verlag GmbH, Frankfurt/Main, 1987

Gauguin, Paul Die Stille einer Südseenacht, S. 103, aus: „Noa Noa", © E.A. Seemann Verlag, Leipzig 2003

Gibran, Khalil Gestern und heute, S. 95, aus: „Und die Hoffnung ging vor mir her", hrsg. von Volker Fabricius, © 1999 Patmos Verlag GmbH & Co. KG, Walter Verlag, Düsseldorf und Zürich

Hausmann, Manfred Zum ersten Male, S. 36, aus: Willi Fehse (Hrsg.), „Erzähler der Gegenwart", © Bettina Hausmann, Bremen 1959; Sie singt die Namen der Sterne, S. 84, aus: ders. „Andreas", 1957 bei C.Bertelsmann, München, einem Unternehmen der Verlagsgruppe Random House GmbH; Liebeslied im Dezember, S. 90, aus: „Jahre des Lebens", Gedichte, © Neukirchner Verlag, Neukirchen-Vluyn, 1974

Hesse, Hermann Eines Morgens erwachte ich, S. 16, Ein Wort zum Lachen und Weinen, S. 94, aus: ders. „Gesammelte Schriften", Band 4; Kein Begehren, S. 134, Band 1, © Suhrkamp Verlag, Frankfurt a. Main, 1957

Hollweck, Sepp Kannst du so glücklich sein?, S. 43, aus: „Hoffentlich bald", Lene Mayer-Skumanz (Hrsg.), Verlag Herder, Wien, 1983

Lindgren, Astrid Inga und ich machen Menschen glücklich, S. 17, aus: dies. „Mehr von uns Kindern aus Bullerbü", © Verlag Friedrich Oetinger, Hamburg, 1964

Luxemburg, Rosa Brief aus dem Gefängnis, S. 109, aus: dies. „Briefe aus dem Gefängnis", © Karl Dietz Verlag GmbH, Berlin, 1971

Mansfield, Katherine Was kann man denn auch tun?, S. 53, aus: dies. „Erzählungen", aus dem Englischen von Heide Steiner, © Insel Verlag, Frankfurt a. Main, 1994

Marti, Kurt Glück der ersten Liebe, S. 40 (Titel redaktionell), Auszug aus: „Die Riesin", © 1990 by Radius-Verlag, Stuttgart

Mozart, Wolfgang Amadeus Der Tod als Schlüssel zur Glückseligkeit, S. 135, aus: „Wolfgang Amadeus Mozart, Briefe", Auswahl und Nachwort von Horst Wandray, Diogenes Verlag AG, Zürich 1997, © Horst Wandray, Berlin

Mutter Teresa Das wahre Glück, S. 116, aus: „Worte der Liebe", © Verlag Herder, Freiburg im Breisgau, 3. Aufl., 1994

Pausewang, Gudrun Noch immer, S. 11; So verrückt bin ich gern, S. 45; Er war da, S. 110; © bei der Verfasserin

Pieper, Annemarie Lachen, S. 91, aus: „Glückssache, Die Kunst gut zu leben", © 2001 by Hoffmann und Campe Verlag, Hamburg

Ruck-Pauquèt, Gina Gras unterm Schnee, S. 12, Damit wir mehr zusammen sein können, S.26 (Titel redaktionell, Originaltitel: Das Kind), Wie Costa das Glück fand, S. 48, © bei der Verfasserin

Schupp, Renate Lauras Tagebuch, © bei der Verfasserin

Schwarz, Regina Kinderglück, S. 28 (Titel redaktionell, Originaltitel: Alles), aus: Hans-Joachim Gelberg (Hrsg.), „Überall und neben dir", © Beltz & Gelberg in der Verlagsgruppe Beltz, Weinheim & Basel, 1986

Sölle, Dorothee Jesus – der glücklichste Mensch, S. 112, aus: dies. „Phantasie und Gehorsam, Überlegungen zu einer künftigen christlichen Ethik", Kreuz Verlag, Stuttgart, 1968, © Fulbert Steffensky, Hamburg

Stifter, Adalbert Du hast mir ein großes Glück gewährt, S. 132, aus: ders. „Nachsommer", Insel Verlag, Frankfurt a. Main, 1982

Tietze, Henry G. Vom Tanz zum Schweigen, S. 83, aus: „Glück ist keine Glückssache, Anleitung zu Lebenslust und Lebensfreude", © Ariston Verlag, 1996, im Heinrich Hugendubel Verlag, Kreuzlingen/München

Tucholsky, Kurt Das Ideal, S. 54, aus: ders. „Gesammelte Werke", © 1960 by Rowohlt Verlag GmbH, Reinbek bei Hamburg

Walser, Robert Mitmenschen zufrieden stellen, S. 25, aus: „Lektüre für Minuten", © Suhrkamp Verlag, Frankfurt a. Main, 1978

Wiemer, Rudolf Otto Glücksmomente der Kindheit (Titel redaktionell), S. 29, aus: ders. „Der Augenblick ist noch nicht vorüber", Kreuz Verlag, Stuttgart 2001, © Rudolf Otto Wiemer Erben, Hildesheim

Zink, Jörg Glück von mir zu dir, S. 69, aus: „Liebe ist ein Wort aus Licht", © Kreuz Verlag, Stuttgart 2001

Trotz aller Bemühungen konnten wir nicht zu allen Texten den Rechtsinhaber ausfindig machen. Für Hinweise sind Herausgeber und Verlag dankbar.

Johannes Kuhn

Das Haus unseres Lebens hat viele Wohnungen

Ein Lesebuch
für die besten Jahre

Wenn man älter wird und manche Tage und Nächte beschwerlicher sind, hilft es, sich an Schönes zu erinnern oder sich aufmuntern zu lassen durch ein gutes Wort. Aus seiner reichen Lebenserfahrung hat Johannes Kuhn, Fernsehpfarrer im Ruhestand, kurze Meditationen und Betrachtungen verfasst, in denen es um Erinnerungen, Ermunterungen, Dankbarkeit, kritischen Rückblick, Buße, Abschied und Neuanfang geht. Auch der Humor kommt nicht zu kurz!

Verlag Ernst Kaufmann

Martin Achtnich

Zeit
ist der Mantel nur

Ein Lesebuch
für die besten Jahre

Aus der Erfahrung eines langen Lebens hat
der Autor in diesem Buch Geschichten zu-
sammengestellt, die sich zum Vorlesen und
Selberlesen eignen. Zwölf Kapitel spiegeln
mit jeweils sechs Geschichten zu einem
Thema die ganze Bandbreite des Lebens wi-
der. Sie erzählen von Alltagserfahrungen,
von Begegnungen zwischen Menschen, von
Glück und Leid, von erfüllten und unerfüll-
ten Wünschen, von Glauben und Zweifel,
von Gott und die Welt.

Verlag Ernst Kaufmann